马克思主义稀有文献

《夏 声》

一九〇八年第二号

张远航 主编

夏聲

一九〇八年第二號

中曆二月二十三日
陽曆每月二十五日發行

SHAHH SHING

（明治四十一年　月　日
第三種郵便物）

第貳號

明治四十一年三月二十五日發行

要目

夏聲雜誌社發行

夏聲雜誌第貳號目錄

幽　流

英國奧斯佛大學

法國巴黎大學

本社名譽贊成員 謹以先後爲次

陝西茹君欲可　捐助日幣二百元

山西景君耀月　捐助日幣參元

四川鄧君　絜　捐助日幣參元

山西相君黃六　捐助日幣參元

山西張君起鳳　捐助日幣參元

山西張君士秀　捐助日幣伍元

江蘇俞君劍華　捐助日幣伍元

江蘇何君瑞峯　捐助日幣貳拾元

山西景君定成　捐助日幣參元

山西喬君宜齋　捐助日幣貳元

直隸杜君　羲　捐助日幣貳元

湖南陳君　柯　捐助日幣壹元

山西邵君　鋮　捐助日幣貳元

山西陳君玉麟　捐助日幣參元

山西張君之仲　捐助日幣參元

山西閻君燕桂　捐助日幣參元

山西王君士選　捐助日幣參元

直隸張君　信　捐助日幣參元

山西李君鏡容　捐助日幣貳元

河南燕斌女史　捐助日幣參元

河南李君殿聲　捐助日幣伍元

陝西李君自新　捐助日幣伍元

陝西劉君士楷　捐助日幣貳元

陝西牛君翰臣　捐助日幣拾元

本社第二期名譽贊成員

新疆	蔣舉清	捐助日幣伍元
江西	葉鎮東	捐助日幣參元
甘肅	陳　宗	捐助日幣五元
陝西	高冠英	捐助日幣五元
陝西	雷崇修	捐助日幣五元
湖南	劉孝叔	捐助日幣壹元
山西	雙目子	捐助日幣參元
山西	志自善	捐助日幣貳元
安徽	江國屏	捐助日幣參元
湖北	吳嚴岳	捐助日幣貳元
安徽	姚定國	捐助日幣參元

請看 漢英新字典 請看

是書依羅馬拚音法。排列漢字。旁綴英語。每條並注數多成語。及科學應用新字。篇末附康熙字典之檢字法。眉目清劃。最易繙閱。由此進窺英語。事半功倍。誠空前之佳著也。喬君留英有年。苦心精研。始成此書。約八百餘頁。現已付刻。定于西歷五月中旬出版。我學界有志英學者想無不先覩爲快也。

發售處　中外各大書坊

陝西第一牧場廣告

陝甘北境邊塞綿亘數千里野濶天空水草肥美其地宜牧已不待贅近者皮革毛織服用日廣牧業宜興亦日急本場同人鑒茲始先集合小資本擇地於陝西榆延間開辦俟有成效再圖擴充曾蒙升撫曹中丞批準允爲咨部代奏立案其資本共集二十萬元分三年招齊自去歲經營以來頗多贊同股額已售過半誠出望外牧地採擇畧定不久即可開辦餘股願入者請向本場總事務所或各分售股處索章核辦可也特此敬告

西安省城內

陝西第一牧場總事務所啓

國報第一號出板

本報以指導國民獨立提倡地方自治爲主義。數年來吾國所聚訟之政見一旦爲根本之解決如土委地。眞國民之箴言寶訓。而救亡之金科玉律也。神洲無直言久矣。放便變之淫辭造公正之輿論其在斯乎。法理文辭文質彬彬現代政治界唯之大雜誌也。憂時之士其亦先睹爲快乎。第二號付梓。不日出板。如欲訂閱者。祈逕函達本社。或向雲南四川河南夏燉晋乘各雜誌社。代購皆可。

每月一回發行

全年十二册二元半　年十册一元一角

零售一册二角

日本東京神田區仲猿樂町五番地

國報社啓

國報第一號目次

四川雜誌廣告

登岷峨之巔以瞰中國西南半壁六詔危兩歲失蜀之形勢險殆極矣而地居邊陲民智錮蔽釜魚幕燕其樂方酣本社同志愍焉傷之爰組織斯報以餉邦人其主義在輸入世界文明研究地方自治經營礦術領土開拓路鑛利源就此等問題切實發揮和平鼓吹使我蜀國同胞起作神州砥柱噫秋色茫茫海天萬里云誰之思西方美人我七千萬伯叔昆弟諸姑妹姊其亦將聞風而起乎第三册現已出版

每月一册每册二角訂半年者一元一角全年二元

郵費另加

日本東京牛込區市ヶ谷佐内坂町三十四番地

四川雜誌社啓

粵西雜誌社廣告

霧霧亘天腥妖載道吳牛喘月代馬銜霜尼澄心以默照佛慧眼以靜觀瑩大千世界之中尙有常在長途而未登担道者故園回首望誰擊海作慈航客劍悲鳴忍觸鄉關來越寇天良未泯義憤橫胸海外徜徉計將焉適同人等乃於去冬創辦此報按月發行雄雞一聲天下白固蒙鄉人父老之所歡迎抑亦中原大雅之所認賞也珠江浪激翻成民族潮流桂嶺苔痕怒發文明燄彩是觀其後焉請自臘開始

東京神田區猿樂町二番地

粵西雜誌社白

雲南雜誌照片之奇特

敝社自開辦以來以材料論除照例揭載關於西南及全國之重要文字外尤以每號均直接譯載法英越緬越各最有關係之書報爲獨一無二之特色今更大事擴張即圖繪一門亦無不極意搜羅以期饜愛讀諸君之目計刻下由特派員訪事員通信員諸君所寄來非常奇特之照片如左（自十一號起接續登載）

（一）法領安南之人頭博覽會　其一以安南無量數之人頭積累而成觀之可以知亡國人之慘狀其二以中國無量數之人頭積累而成觀之可以知海外同胞無同種政府保護之慘狀均特派員所親撮者也

（一）法領安南漢軍旗活動之眞影　計二幅均中國人投入法營者也一爲平時一爲演習時之照像觀此可由明末漢軍旗之大活劇以推定中國今日之前途

此外更有因於印度洋島之緬王及王妃及緬王故宮之照像法國各種兵隊演習及軍營圖法人殺安南人各種怪法圖關於南防形勢重要測繪圖多種

注意　凡定閱本報者均可向本社或新女界四川粵西河南農桑等社訂購定閱各報者亦均可向本社訂購

日本東京神田區西紅梅町六番地　**雲南雜誌社**

輿論論

子遺

（一）輿論發生之原因（一）輿論發生後之勢力及其效果（一）輿論與政府（一）輿論與國民（一）輿論與黨人（一）吾國數十年來輿論之影響（一）吾國最近輿論之荒謬

子遺子曰。地球之上。無慮數十國。而其所以爲立國之元素者。則必有輿論與主權二者相維相繫於其間。無主權則輿論莫能進行。無輿論則主權亦失後勁。故曰輿論者事實之母

雖然。輿論者事實之母。然輿論又有輿論之母焉。所謂輿論之母者何。造輿論者是也。造輿論者。非以爵位。非以勢力。非以富貴。非以功名。必也其人之道德學問知識

能力甲乎一國之人之上而一國之人又確信其道德學問知識能力能甲乎其上如倡意大利獨立者之瑪志尼如作民約論者之盧騷是已夫而後其造出之輿論乃爲有效

然輿論與清談異清談者笑傲自得日事優游以積極的不過問國事爲主義者也即或有之亦不過於詩酒之餘供其談資而亦絕對的不負責任是猶倚子之殺人觀戰者之中立國然然與旁觀者亦異旁觀者置身局外居於第三者地位而爲不關痛癢的解決事前則大發議論事後則大肆批評如觀隣室之救火視對岸之拯溺者然輿論反是輿論者先發一言論即繼一實力而爲充分之活動者也

然專制之國無輿論野蠻之國亦無輿論何也專制之國人民震慴政府之淫威而不敢造輿論野蠻之國人民之程度卑下而政治上之思想能力亦薄弱遂無從造輿論輿論者文明國之特產物也

然二十世紀必不容有專制之國與野蠻之國立國於五大洲上矣吾外觀世界之潮流內衡吾國之趨勢吾國之地位果居何等乎未來之吾國其興乎其亡乎其興

其亡與輿論有密切之關繫乎此輿論之作所以不能已也

(一)輿論發生之原因　一國之大庶務之繁有內政焉有外交焉或政府與人民衝突或人民與政府宣戰或兩國和親而爲條約之締結或兩國搆釁而爲兵戎之從事其關繫之重大及於全國其利害之影響與亡攸關人民既不聽君主一人之獨裁復不甘少數官吏之武斷於是得最大多數同意之解決發爲議論以爲此問題之根本的詮釋而促政府以進行者也普法之役多基於報紙之吹噓日俄之戰全由於國民之請願此輿論之發生也發生於未見諸實行以前而即准此輿論作爲南針將見諸實行者也抑或有國家遇一重大問題既經國民解決而政府之進行不如國民之志願或違背輿論而爲君主的單獨進行於是輿論亦發生焉如日俄戰爭之結局而國民要求賠欵朝鮮之密使事件而日人舉國若狂皆其例也此輿論之發生也發生於問題既見諸實行以後不如國民之志而國民造此輿論使政府挺力進行以爲補救者也要之輿論之發生也或爲保護主權而發生或爲提倡獨立而發生或指摘政府惡劣之情狀或研究對待他

國之方法不一其途亦不一其事不一其原因故不一其結果而皆於一國有輿廢存亡之關繫焉此輿論發生之所由來也

（一）輿論發生後之勢力及其効果　於五洲之上地球之中求一勢力之最博大最雄厚最猛烈者何物乎陸海軍乎今有一物焉而陸海軍莫敢攖其鋒爆炸彈乎今有一物焉而爆炸彈不能喩其烈如暴風疾雨如迅雷震電如黃河之水驚濤怒浪一瀉千尋如絕轡之馬走雲馳風瞬息萬里其勢可以撼猛虎其力可以擠怒獅政府畏之如蛇蠍人民奉之爲圭臬順茲者興逆茲者亡不事干戈而可以滅人之國無須刀劍而可以亡人之種是何物之勢力乎曰輿論之勢力也然則輿論者豈非神聖不可侵犯之物乎拿破崙曰『歐洲五大強國而有六強國焉。輿論其一也』又曰『輿論之勢力視四千枝毛瑟加甚』然則輿論之勢力可以知矣故無林肯之造輿論則美國黑奴之禁終不能釋無格蘭斯吐之造輿論則俄國弭兵之會終莫能開蓋輿論者以保衛共同之利害表示共同之意義爲目的者也故有莫大之勢力焉拿翁之勇武俄皇之專制而不敢與輿論角逐者職

是故耳山可崩海可竭日月可晦江河可塞而惟此莊嚴之輿論不可侵犯嗚乎可敬哉輿論可畏哉輿論

（一）輿論與政府　吾既言輿論之勢力矣然輿論所以有此偉大之勢力者則以凡國家遇一重大問題於人民有直接之利害焉政府雖爲執行機關而所負之責任究不如人民之重且大也在昔民權未發達之時代人民之視政府也尊之若帝天崇之若神明而國政之設施民命之生死一聽諸政府一二人之手而莫敢異議故政府亦以夜郎自大漫論其無輿論也即或有之政府亦將以弁髦棄之矣迄近世紀民權公理之說充塞天地而政府亦自知所居之地位爲客體的而非主體的爲被動的而非主動的爲一國之公僕而非一國之主人也故今日世界各國其立國也政府之對於人民皆以萬事公諸輿論爲普通之名詞而輿論之對待政府也亦約有二端

一曰監督　國家之有政府以保全共同之利益爲目的而從民意以爲政者也然有時政府不惜犧牲共同之利益而爲不法之行爲使無監督者於其旁則政

府將濫用其權矣監督者監督其盡政府之天職而使其不敢爲分外之行爲者也

一曰指示　何者當興何者當廢何者宜改良何者宜裁汰如教學人如引盲者予政府以南針示政府以明星也

一曰抵抗　監督之而不聽指示之而不從是政府故與輿論爲難而失政府之資格矣政府既失其資格則人民即不可再認此政府以爲政府或出之以顚覆或出之以改造而爲一最終之解決焉

輿論之與政府略不出此三端然政府有時而出一最辣之手段報館被封者有之文字之獄大興者有之箝制輿論束縛輿論而悉使其聽命於其手腕之下則又何也曰是國民活動之實力未達於圓滿之域故政府敢與輿論爲敵如國民之實力已備而於國民之輿論政府有不降心相從者吾未之前聞也

(一)輿論與國民　國運之盛衰視乎民氣之强弱民氣之强弱視乎國民自衛心之厚薄與夫政治上能力之大小而已然熙熙者來攘攘者往雖同處於一國之中

而知識有高下之異判斷有異同之別故國家凡發生一問題其下焉者則醉生夢死任政府之處置而漠不相關過此則非服從即屬盲從於是時也而不得一正當之輿論根本的解決則衆口雌黃莫衷一是國事之安危尙堪過問乎然則造輿論其亟亟焉者矣雖然造輿論與教學者異教學者聚數人或數十人於一室而耳提面命爲將來計也造輿論者則對於現在之條件之解釋而使舉國之人萬人一口萬口一舌萬舌一聲曰必當如此必不當如彼必如此而後國可强種可保不如此則國即亡種即滅矣是則造輿論者之責任亦綦重矣今析言之如左

一曰啓廸　增進其自衛知識斬除其依賴性質使知天賦人權之可尊可貴獨立自營之可寶可重如春風之拂柳細雨之拆甲者然

一曰鼓動　刺激其腦筋感動其神經使知弱肉强食優勝劣敗之公理而非競爭不能生存庶不爲天演所淘汰矣如擊警鐘如振木鐸者然

一曰警告　危如騎虎勢成懸崖使之知死生爭於旦夕存亡間不容髮則決斷

之心或可以生而爲背城之一戰求生於死途矣如迅雷之貫耳光電之耀目者然

輿論之與國民既如上所述矣。雖然硝黃所以除熱而以之濟中虛則元氣反傷杖藜所以扶顚而以之作棟梁則大厦必覆何也。用之不得其當也輿論之與國民何莫不然故欲造輿論而爲國民之先驅者亦如醫者之治病必審其病之源原而後乃無殺人之患如大匠之築室必量其材之長短而後乃無傾覆之憂造輿論者必出之以審愼周詳抉其本清其源而後民乃食其賜反是則國民萬未有不爲其所造出之輿論所誤者也

(一)輿論與黨人　黨人者以一部分人之意思而欲舉國之人皆准其意思以奉行者也故以製造輿論爲獨一無二之手段然黨有公私之辨即其製造之輿論與國家有興廢存亡之關係歐陽修曰「君子以同道爲朋小人以同利爲朋」公私之辨判若鴻溝矣千古國家之興亡於黨人之手者更僕難數而吾敢斷言之曰國有公黨者興有私黨者亡公黨者以謀國家共同之利益保國家共同之幸福

爲目的者也故國與私黨者以謀一部分人之利益保一部分人之幸福爲目的者也故其製造之輿論同時即有害於公黨之所爲而戕國家之命脈國欲不亡爲可得乎不觀夫日本乎當明治維新以前西鄉諸人倡尊王之議而幕府於以顚覆取歐化之說而國運日益發達自中日之戰役休而執東亞之霸權自日俄之戰事終而爲世界之强國追溯厥由非西鄉諸人之大倡輿論曷克臻此又不見夫韓國乎自東學黨諸人倡親日之說而東亞之風雲爲之一變始則脫離母國而卵翼於他人之下繼則舉全國之人而供他人牛馬舉全國之地而使他人殖民即天威不敢近咫尺之韓皇且有人爲之置統監矣今則呼籲無靈控訴無地而欲藉密使以鳴其冤於海牙會議未幾隱情暴露而新條約立矣而韓皇讓位矣而韓國之一切官吏得用他國人矣而韓國之行政權不得自由行動矣要之韓國之韓國已不成爲韓國人之韓國矣叱咤風雲至演爲亞東舞臺上一大活劇憑弔往事令人唏噓不置而追想其致此之由未嘗不歎東學黨諸人之荒謬也嗚乎黨人者固國家之福神抑亦國家之妖孽也蓋黨人之地位雖處於政

府之下而其知識則在於齊民之上故有左右社會之魔力為其公邪其私邪是在國民判斷力之高下耳

(一)吾國數十年來輿論之影響　吾國數十年前政府昏聵於上人民昏蒙於下舉國四萬萬無不生活於醉生夢死之中於是碧眼黃髮之兒逞其蠶食鯨吞之慾望佐以敏捷活潑之手段或撤我藩籬或割我要港或侵我土地或攫我巨款一鐵道也而為彼所修一礦山也而為彼所探此得一臠彼染一指試一展支那地圖蓋無處不為彼之勢力圈殖民地矣於是憂時之士愛國之流咸企踵攘臂大聲疾呼以號於眾曰吾之國將亡矣種將滅矣人將瓜分我矣我之祖若宗將不能血食矣我之子及孫將為人奴隸矣或以報紙吹噓或以專書鼓動或登壇而演說或奔走而告語或聯袂署名而上書於政府或郵函飛電而勸告其父老不為賈生之痛哭流涕者必為少陵之孤忠義憤始以甲午之仆繼以庚子之創而號稱先覺之士乃出而造變法之輿論謂變法則可立足於五大洲舞臺之上不然者則亡國滅種之禍不旋踵而至矣自此輿論出而政界之波瀾生民間之風

潮起通國皇皇無所適從以變法為孫國殃民者有之以變法為背祖忘宗者有之卒至不數年間而為主持變法者所戰勝一二大吏倡之於前而萬千國民和之於後於是昔之以八股八韻取士者一變而為策論再變而為學堂而取士之法變矣昔之以刀劍弓石充干城之選者一變而為召募再變而為徵兵而武備之法變矣而纏足戒矣而吸煙禁矣恐無學之不足以立國也而派遣留學於海外矣恐不足吸收各國之文明也而派遣專員調查矣恐不足立足於世界之經濟競爭場也而商務整飭矣工事獎勵矣恐環球各强之瓜分我豆剖我也而陸軍練矣水師興矣美哉普變美哉普變嗚乎誰實為之而令至此莫不曰輿論影響之所及也不但此也自吳樾之炸彈烈而一度立憲之詔書下自徐錫麟之手槍發而再度立憲之詔書下通國之中無不欲棲息於憲政之下而脫數千年之專制於是朝廷之施設無不摹仿文明各國其在中央也則內政部外務部郵傳部農工商部並立而又領之以新內閣其在各省也則諮議局立矣地方自治頒矣近且預備下議院之代議士矣憲之立也可立而立嗚乎誰實為之而令至此

莫不由輿論影響之所及也

雖然吾不敢謂此等輿論足以亡中國亦決不承認此等輿論遂可致中國於富強何也治水者必清其源植木者必培其本天下萬未有源之不清而望其流之長者本之不堅而望其本之盛者造輿論而不從根本解決適足以蹙國家之命脈縮國家之壽命而已何裨乎夫國家者以人民而成立者也政府者以人民爲原料者也吾國數十年來創深痛鉅再蹶再仆乃進而觀策士之所謀設者莫不汲汲於要求政府乞憐政府一若政府之力足以旋乾轉坤而於人民一途淡焉漠焉無一毫措意焉故雖經數十年而民智之閉塞如故民氣之不振如故燬教堂仇教士而排外野蠻之手段如故亡鐵道失礦產而自衛思想之薄弱如故以如是頹殘衰敝之國民而欲與英法德美各國之民享同一之幸福得同一之利益此予與氏所謂不揣其本而齊其末者也不亦傎乎嗚乎今之造輿論者似若國之亡也只能亡政府而不能亡國民似視政府爲萬能而視國民爲一不能矣而抑知政府者不能離國民而生活國民者即可脫政府而自立故吾謂救國之

亡不在政府而在國民文明達於極點之世界舉世界可以無政府舉世界決不可以無國民此雖極端之言而亦理之所必至者也嗟我邦人丁玆一髮千鈞稍縱即逝之際而萬目齊注於政府欲政府之爲我立憲是猶見高樓重閣之可羨而粉其土牆雕其朽本不轉瞬間而風雨忽至舉室之人俱歸漂搖矣嗚呼吾國言維新者數十年而無絲毫之効力者則以重視政府之一念誤之也重視政府故政府亦出其敷衍塞責之手段而舉行新政新政舉行則需鉅款鉅款之所從出則又不得不苛索百姓百姓之力之不能支也又不得不借外債既借外債即不得不以相當之物抵押贈與於人於是某處之鐵道被某國修矣某處之礦山歸某國開矣某處之關稅屬某國包辦矣埃及以虛談維新而亡國其覆轍何堪再蹈嗚呼使我四萬萬神明之冑十八省輿圖之廣而入他人之版籍作他人之奴隸者是誰之罪與是誰之罪與

（一）吾國最近輿論之荒謬　數月以來震驚國人之耳目演出莫大之活劇者則蘇杭甬鐵道之問題是已自此問題發現以來舉國之中若官界若紳界若學界若

商界以至輿夫走卒優伶娼妓莫不驚心駭目悸神動魄此飛一電彼上一書或求轉圜於政府或乞援助於當道甚至湯以尸諫鄔以身殉而卒不得一正當之解決焉及觀夫一般之輿論不曰藉此要求開國會必曰部借部還而其中最有勢力之輿論則曰集股以拒欵於是全國上下皇皇於集股之一途勝哉集股勝哉集股

雖然吾當此風馳電掣雲翻潮湧之際國人皆曰集股集股吾何敢有異詞焉然吾思之數十日而不能索解集股之理由

今試問英公司因蘇杭甬路欵之不足而強迫借欵乎又試問政府因蘇杭甬路欵之不足而強迫借欵乎曰非也是則外人之欲攘奪我路權與夫政府之甘心以此路權贈送於外人也為此問題第一之理由非我族類其心必異此所謂實行寧贈朋友勿與家奴之政策者也然則欵之足不足於路權毫無關係矣集股胡為乎

又試問蘇杭甬鐵道之草約已廢否邪其為商辦也已見諸正式之公文否邪路

已修否邪車已開否邪則必曰草約已廢矣商辦已見諸正式公文矣路已修矣車已開矣若是者則非外人之過也實政府不惜江浙人之生命財產而買外人之歡心者也集股又何爲乎

然難者曰外人之勢力大矣。雖政府亦無如何。倘外人興問罪之師。江浙人其奈之何。故不得不出之以集股以爲拒款之實力。

曰。唯唯否否。吾非謂股之不可集也今茲之問題以爭回與否爲第一之問題爭而回則幸也不幸而爭不回則並所集之股隨鐵道而俱以附屬品與外人矣集股者爭回後之第一問題也

然則爭之之術奈何。曰停納租稅尙已停納租稅者非野蠻之舉動實正當之行爲也夫國家之成立也以保護人民之利益爲原則者也今政府既不恤人民之利益則人民之對於政府即不能再使之得完全之租稅此實世界之公理而一毫不容假借者也

然停納租稅非徒示威於政府亦足以寒外人之心何言乎。外人之侮我也以我

民心之渙散民氣之彫敝也今我團體已成對於政府而有轟轟烈烈之舉動則外人輕我侮我之心亦將雪融冰釋而知大漢民族之有生氣也皇皇集股意欲何爲

雖然集股之結果非徒江浙之禍而亦全國之禍也使政府因江浙集股之踴躍拒欵之峻厲而移此欵而强迫他省借之他省而能如江浙也則亦已矣其不幸而不能如江浙者其危險何堪設想乎世之造輿論者曷其愼諸

嗚呼世界之潮流如此其急中國之前途如此其危政府固不足責國民尤不足恐而惟此立足於政府與國民之間自命爲政府之監督作國民之先覺者亦茫昧從事妖言惑衆此中國所以言維新者數十年而外人之欺凌我也如故政府之專橫也如故人民之昏醉也如故每下愈況而終至病入膏肓不可救藥矣今日者日法之條約結矣日俄之舊怨釋矣環球列强齊注視線於東亞之老大帝國燦爛禹域將爲世界作戰場神明胄裔將爲異族攫前敵我思之我重思之是誰之罪與吾不能不歸罪於造輿論而不知根本者之所誤也吁嗟乎茫茫大海

誰定指南之針黯黯途迷誰爲引路之燈然作始也微其畢也鉅蚯蚓可以潰堤鼴鼠可以崩城故吾敢斷言之曰欲中國不爲列强瓜分而躋於富强之域也必自改造輿論始而改造輿論又必自注重國民始

論著二

論陝西人對于國家之責任（續第一號）

子復

次紳界古所稱縉紳先生者其言雅馴其行方正其學卓犖其才宏遠凡所以冠冕人倫儀式邦國師表萬世揚厲一時者也故多與學者並稱而學者亦往往號縉紳先生爲世道衰微海內之士以爵位相高科目相尚二者苟不得其一雖言行才學卓然可述無得列于縉紳之林士之翕然歸之亦不若趨附科目爵位者之衆而有科目爵位者亦自以爲所謂紳者固在此不在彼也故紳之品日卑紳之流愈雜而紳之數亦日夥嗚呼紳之爲紳蓋自是而掃地矣陝風淳樸黜華崇實冠帶之倫多

能不遺舊德率由祖訓舉科目爵位相臨互競之風宜非足以靡我然三百年來天日不昭道義不彰排擠傾軋之習浸假而若成世運雖以我四塞河山亦莫能拒其潮奔雲湧之勢而作長城于人心迄乎路德復以八股煽惑一時從之游者概教爲新法以弋取科第致身富貴爲能以不預外事獨享安樂爲高而其及門之士人又見其果能取青紫如拾芥也是以遠近嚮風幾成學派數十年中所謂紳者大抵其徒也詩書之澤既斬焉中絕骨鯁亢爽慤公好義之氣亦蕩然無復存者即有一二孤介之士如閻敬銘之徒亦僅以正色立朝自鳴直毅而大義不明大閑不守其存沒有無于全省無關也于全國尤無與也是可不爲吾陝悼嘆哉夫吾陝今日之事。有賴于紳之提倡而維持者。非一端也。鐵路之建設也。礦產之開掘也。民利之護持。民權之培養也外有逐逐而思染指之強鄰內有炎炎而逞威福之官吏其時其勢誠有少縱即逝不圖之今必悔于後者而吾紳方皆若無睹酣歌恒舞逸遊燕處自以爲在朝言朝在野言野彼夫國計民生守土者之責而非吾輩所宜過問也是烏知國之有官吏猶家之有奴僕不過供奔走擯擋之用今舉一切而悉聽命于彼反客爲主尾大不掉即空我所有爲其固位媚外之貲而我亦無如何矣抑盜憎主人千古一轍彼官吏非不欲吾紳之側與其事也固已久矣顧吾紳獨忍以主人之身家見排斥于盜且仰息于盜耶然而不爲之所乎以吾神明之冑高掌遠蹠翻然一震落盜膽而喪盜魄固甚易事然奄奄不振已非須臾所謂一震者果何時乎抑屈于今將以求伸于後乎今日之時非易得也紳之地位又致足貴也登高一呼衆山皆應其責與學者等而其勢其力又較學者爲優日中必熭操刀必割何至吾紳而獨不然也波蘭印度之亡數百年于茲矣其志士之沈淪卓隸流落異國者莫不有復仇光宗之思相率引光復爲己任吾鄉雖危在旦夕比于波印從事尚易而吾紳日處里闬既非流落異國權力方之官長未有優絀又非卓隸可比也以是而猶憚轉危爲安轉禍爲福假設吾紳居波蘭印度將腼顏貪息不謀所以恢復之策乎吾則疑其必不然也顧亦嘗有爲之說者矣。一鄉一鎮莫不有紳耆係團練之局皆有紳爲之主持而孜孜爲利軋軋相傾祇以爲官之爪牙何能導民之視聽則任責任者不如其放棄矣嗚呼若是者眞狗彘之不若鑿路門闔氏之流尚所羞稱者也安得謂之紳而謂吾陝有之乎脫間有之君子退斯小人進則使小人得以呼引朋類據執要害者未必非君子之過春秋責備賢者吾輩潔身事外者之罪吾尤不得不爲之惜也嗟乎禮義淪亡衣冠塗炭縉紳之士濟濟市朝充然無復有廉恥之色者皆是也所謂言行才學卓然可述者誰乎是何向者人才之多而今不逮古耶紳乎紳乎吾甚願其一革鄙陋之風各竭其智謀才力謀桑梓之公益駸駸乎以至于古所稱道而無徒科目爵位之是恃以污辱我紳之嘉名甚且使吾人相率舉紳爲詬病也是則陝之幸也

綜此四界其負責任于國家者如此其鉅其放任而不舉也如彼其甚一旦反其所爲又非甚難也而吾鄉人乃若謙遜未遑者豈有所顧忌疑慮耶抑以爲負責任者別有在耶不然則儼然號之爲人者其形似耶又不然則自忘其爲黃帝堯舜之裔而猿猱是處麋鹿是游恬然而安之耶數者微論吾陝人無之即其有焉猶非吾所子然屏棄非惟不棄又將結合以有爲也夫既不能心人之心而吾猶曰結合以有爲者舉子神孫其與生俱生者初未有以異而其所有靈明斷喪蒸爾動伏之患者

以習漸而遠也導乎德而齊乎禮其反乎原始也易其類同也則曷不集聚乎猿猱麋鹿勢不可也然則至是而猶不見百廢具興世恥畢雪者不過狃于習俗未敢卒然為之以犯不韙于庸夫豎子而大節大義固非吾鄉人所不知與所甚不欲抑無疑也雖然吾有辭矣素所不知與所甚不欲則其放棄也宜今以所素知所甚欲而綳遲迴觀望不發奮稱雄為天下先見義不為不可謂勇乘時不起不可謂智是豈獨吾不能為吾鄉人解說即吾鄉人亦無以自白于海內矣昨種種死今種種生自新之說所以導小人亦所以勉君子吾鄉人而既能知所守矣則盍怡然動念于死生新舊之際而益改過遷善乎夫社會之遞嬗無窮也即人之心理與之俱化非人之心理以社會為變遷社會之所趨必有人焉應用其才智以活動于衛目之社會者故社會非一成不變即人之心理亦非一成不變亦有之矣社會與人相梏不合不滅絕則衰微耳故應社會之要求建非常之功業革其舊而更于新去夫死而就乎生自非癡頑迷狂未有不知所趨避者曾是發大光明震大聲響懾伏萬衆橫絕四海之民族如我粲人者而反徜徉迴惑不知所以自裁乎顧今日之社會其趨向

爲何若稍有意于家國之間者大抵皆知而思潮之流移果足以副今日社會之要求與否吾望鄉人一致其思也假令思潮已足副其要求而事實之發見于外日與吾人耳目爲營搆者又果支配于此思潮與否抑此思潮之有利與害一及于鄉人之身與否吾尤望鄉人深致其思也吾誠懼夫吾秦社會入于激戰之漩渦中而思潮不足以副之吾更懼夫吾秦人已能自新而久暫名實或異其致則自此思潮發生之之事實仍不一二睹將終秀而不實也微獨吾秦藝所羣焉仰望以爲進步最先之士及他諸傑人志士見稱當時而至今徒存脣舌未有實徵甚且噤聲鼓吹者不可勝道若是者豈皆嘗于從事之途昧于踐履之跡哉當其發言之始亦何嘗不自謂今生昨死冀得一當以蓋前愆惟持之不堅斯誘于外物又或自欺欺人口道忠信之言身爲罪惡之府是以其心一汩而不可救耳然則如何而後可曰責任者無限者也今日有今日之責任吾任之至來日而息肩焉他日有他日之責任吾將任之今且暫游移焉非所論于能完全責任者也要必盡吾畢生之力行之生乎斯世爲乎斯世苟一息之尚存斯一息之責任不可棄去倚賴之心修日進之德則庶

乎其可也。噫風雨急矣。大夢其醒。歲月深矣。盛年難再。中原何處。誰爲擊楫之人。水海無情。空有招魂之侶。望美人而不見。渺渺南國。旋旗呼帝子以無靈。鬱鬱北邙。雄鬼此亦徒存感慨。腸欲傷心者矣。然而往事已矣。來者可追。起已死之陳人。作再生之傑士。一髮之微。千鈞可繫。毋曰力小。合羣則重舉也。泰山之霤穿石。單極之綆斷幹。毋曰勢微。積久則效著也。毋嗟已晚。忘羊猶可補牢也。毋畏大艱。誠至而金石爲開也。吾至親至愛之伯叔昆弟邦人諸友。試共一深長思之。

論著三

吾生今昔之感言（續第一號）

劍人

然吾言國家之興亡。而起今昔之棖觸。非徒爲是呻吟而已。將進此而略言其理焉。今夫一國之所以能成一國者。舉凡天之所覆。地之所載。地無大小廣狹之殊。人無黃白黑紅之別。其得於天然者。亦無問乎寒帶熱帶溫帶之孰爲其難孰爲其易。要之能成一國者。必其有一種之特質。變言之。即特有之文明。其國於天地積以與立者是也國以此文明爲生命失此特質國即不國必爲他種具有特質者吞嚙而宰剝之故苟有一國必具有一國之特質苟失一國是失一國之特質可斷言也雖然特質之於國也何自來乎予以爲其由逐水草而居與龍蛇爲儔之世進而部落聚焉酋長立焉此其間必經首出夫衆之雄渠魁長所創造團體因以固結而一種之特質隨以發生此特質爲一群發育之源泉雖其群之演進不無多少之變更而緣附以現於外之精神必以此爲根荄應時而緣飾改進焉至其特質漸就充實膨脹之力愈大範圍所及益寬而與此特質反抗之物即起於內自特質經此障礙相媾之後愈充實而有光輝養成與外來特質交戰之資格駸駸乎文明之精神足以消融萬象孕育羣生而現於實質者燦然明備讋服一時史例不具徵如吾國漢唐即是 然當此之際多因關於一人種之進步天人交戰火炎崑崗水淺蓬萊之下吾國春秋以至秦又〇〇侵擾之例是 實質大生變動因而精神自有動搖於斯時也使特質非於社會賦固有之強力作無形之保障特質爲被侵害之目的物一方自爲抵抗一方即自爲保障 則一人種所今斯昔斯日積月累莊嚴寶貴之元素鮮不至此而斲喪無餘焉至於屢經浩刼斷鎖以繼遺傳以深其特質有鎔鑄社

會之功移轉幸福之力所謂光燭於天四夷慴服之世則新事業應夫文明而起其特質之發展必橫決舊有之區宇而無遠弗屆爲有力之傳播無在不蒙其景響焉旣夫是而諸方之文明互相接觸爲一交戰團人種與人種社會與社會國家與國家均爲最後之決勝波譎雲詭演兼弱攻昧之奇觀瓦解氷消幻種滅國亡之慘禍至是而一落千丈之國家有之一飛沖天之國家有之新陳代謝時勢遞更吾一繙人世上古以至中古中古以迄近古近古以暨今日如火如荼之國家雖鯨吞九服而其威不戢其慾不饜者固當時一世之雄也而今安在哉固當時一世之雄也而今安在哉無他不適於今而已矣不適於今奈何喪其特質而已矣喪其特質奈何因他之特質逼振而來我不能運掉固有之特質與之搏奪而已矣昔人云此一時也彼一時也蓋競爭愈烈變相愈速之結果當如是也當如是也而抑又何悲

由此觀之有廢者何自而興是一興一亡乃時勢遞嬗應有之物公理如斯不足怪也故世界者人類之一大運動場於其中有種族焉有社會焉有國家焉昔也種族之外不見種族社會之外不見社會國家之外不見國家今也多數複雜之種族

社會國家相爲混合而各保其生存各占其利益究其內則互爲戕賊觀其外則交相取扱同跼蹐於一天地間而此疆彼界爾詐我虞以各保生存之原因欲其結果皆占利益焉卒之利益有限得與不得未可知而生存之目的不必盡達是以其現象非一種族一社會一國家消亡則一種族一社會一國家發強此何因而消亡由於彼之發強彼何因而發強由於此之消亡自世界大局天演公例言之不知何者爲興何者爲亡不過此一大運動場向一完全之域以進行而已質言之世界爲一總體國家爲其分子社會焉種族焉又爲其分子之分子（著者乃痛心於世界潮流之可畏立國於其間多難保其健全之生存故爲極端形容之說如此非主張政見如時下政治腐談畋々於分子總體之分也讀者諒之幸勿誤會）全象之成由各分子之合也及夫全象果成而分子小有崩裂焉不足爲全象憂且一部分之行動與全局一有牴觸焉即受其尅滅先爲精神之吸收既爲形質之併合自總體言之乃其自然之進行由身受尅滅併合者而言焉其痛苦當何如是理也大言之則世界不可無滅亡之國家因有滅亡之國家而世界所謂文明者日臻其普及日達於圓滿小言之即一團體焉欲其全體爲一致圓活之進步則組織團體之個人犧牲其僅關於自身之利益也

不知幾何私人之利益愈犧牲團體之發達愈充强團體之實力果充强僅關於私人之利益愈不得不犧牲（是說亦只就一面立言非謂個人之入團體也必盡一切犧牲而後可果如所說則組此團體何謂也耶）互相爲因互相爲果國家之於世界其理一也吾言至此深有慨夫人生固若朝夢國家亦等浮漚朝榮夕悴今是昨非大千之下焉容有長生不壞長此不爛之物哉何必言國家進而觀夫世界蝸天上地下所有而遂附出之者究其極泡影幻相而已此較之間爲時稍有久暫之殊終於占領太空者惟此時日雖至世界末日羣動盡息而由今思昔之觀則繼續不絕巧曆不可稽焉噫諸天告盡今昔長存吾誦斯語吾益慨然。

是則國家應夫時勢以爲進化即應夫時勢以爲存亡余既略言如上矣然一國家也何以優於在昔而劣敗於及世此其中雖因於其國之政治學術習慣遺傳有如肉附骨之關係焉而此政治學術遺傳習慣皆其一人種之特質所徵見者也故優於在昔者其特有之文明足以完全鑄造其族納其群於軌物之中無論如何進行而無一物足以抵抗之既而劣敗者大都其固有之文明不足以轉變一羣之進步

（近如吾國其舊習慣舊道德既已成芻狗而皮附文明以逞其獸慾者縱橫驅騁於社會中舉無足以制裁之是可哀也）於是被他羣之改造不知不覺之際特有之文明侵蝕以盡而文明所附之形質因以不能表現於外而淪胥以亡因其如是無論何種族何社會何國家皆以其特質爲惟一之武器此而欲挾之以掌握一世彼而欲用之以管領全球雖有種種之政策發揚而光大之鼓吹而利導之猶終於適者生存隨者不必至今而勿替強者不必遯世而勿衰一繙萬國興亡史幾千年前某水某山之下有如何之種族發源於茲造如何之社會建如何之國家既而爲如何之種族所吞滅或戰勝如何之種族而建邦啓土以成方今之社會方今之國家也不絕於篇吾讀之而嗚咽流涕致歎於優於在昔而不免劣敗於及世則今之所謂以戰必勝以攻必克之國家事過境遷其必不免於如吾所嗚咽流涕之一日從可知矣而況夫方今之世緣境而即爲吾所嗚咽。流涕其悲苦可勝言哉。

由斯以談。是自玄黃剖判。產出人類之一日此人類者以保衛在已永久之殘存勢不能以當前爲止境故必犧牲他人寶愛之生命以充給希冀之慾求（所謂犧牲他人之生命者非直接以兵刄殺人之謂野蠻之世毀其宗廟遷其重器虜其旄倪是也方今之世不假一兵不血一刄以種々之方法日就月將朘剝其膏血吸引其心理使之喪其國而不覺者是也再淺言之吾國人以中國爲生命中國而付諸不知愛惜者日々斷送焉中國亡而吾則不死吾之生命已失綫吾所恃以爲生者無有也小言之吾陝西甘肅人以陝西甘肅爲生命不必陝甘之全土爲不知愛惜者所斷送即如區區一鐵路小小一鑛山爲外人所開辦我陝甘之生命已被其剖奪大半矣外人不足責蓋外人乃以保衛在己之生存不得不如是因其可欺而欺之所難爲情者被犧牲者耳

時移世降由簡而繁有種族焉有社會焉有國家焉而其保衛與犧牲之方法更文致周密挾以相捽更盛遞敗以至於今日是今日者血肉之所化成知有今日之不易愈念來日之大難今之賴於前也如是後之賴於今也更不知當數以幾許之血鑄以幾許之鐵俯仰今昔吾生乃適丁其際割捨之無算何待言哉何待言哉雖然吾觀幸福之吾生則吾生之尚有今日爲可悲轉念天演之烈而吾猶及有今日又可幸也幸不足喜悲不足憂一視夫居於今者能歛起直追以求免於今之世否也苟其冥冥昧昧而無所於事及吾生而國破家亡相隨屬則昔之所以爲昔者及於今而澌滅無餘今之所以爲今者自時厥後不過一攷古者流連太息之片影而已信若是則今之可悲較昔尤甚今不自悲後將誰悲者及今發吾悲庶使抱家亡國破之痛者同懍於今昔之殊而共相策勵何以全夫在昔縣長之歷史何以免於就近陶汰之天殃是則

昔之所以為昔乃居於今者提撕警覺之資而今之有進於今又更視夫能於過去之陳迹改進之否也介於過去未來而負振前啟後之責者今也斷送過去未來而萬刼不可復還者亦今也若是乎今之為今所繫匪輕矣吾蓋一言夫今而莽莽千秋得失之林幾多不適於今而淪於九淵不復重覩天日者踵相接也傷哉今也何傷乎傷夫經緜延之歲月物我之相戰蟲豸之相搏曾幾何時而吾生遇此今進而吾所託命之吾國吾家亦遭此今也幸哉今也何幸乎實幸夫經緜延之歲月物我之相戰蟲豸之相搏而何幸知之吾及生得有今日進而吾所託命之吾國吾家亦幸有今日也嗟嗟前此種種至今日而結局後此種種至今日而發生嗚呼嘆吾生之大夢待醒何年呼造化之小兒有如昨日今耶昔耶我瞻四方吾將駐足何所耶吾之家吾之國又將何所稅駕耶吾亦不知夫方今之人亦知吾翟為今之人吾之家吾之國為今之家今之國否也苟其知之余將進此而猶有言

未完

論著四

日本教育發達史論

少白

第一章　緒論

悲夫今昔之感可勝言哉盛唐之時日本遣諸生於長安學我經術歸化其國今時遷勢移吾儕乃轉述其國教育之盛以示範於國人嗚呼世變如滄桑吾每俯仰古今未嘗不淚涔涔而承睫也夫日本崛起亞東敗俄於北識者論其由來歸功教育即吾觀之豈不誠信雖然考厥古昔固非有獨闢之文明足以建國傳後也漢代以前蒙昧未開自六朝時王仁齎論語渡其邦學術曙光始輝三島及至隋唐交通漸繁彼國上下惟我漢士是慕形上之學無論矣利用厚生之道一器一物之末莫不師承自我用以立國垂千餘年由是觀之日本古代之教育固以我爲師而無能爲我師者乃曾幾何時事遂相反噫是可慨已夫明治維新者日本開國以來之一大事也萬事萬物莫不以王政復古爲一新紀元而其維新之原實爲外患美艦而來

要求互市各國繼至競思染指一時攘夷之論風發潮湧及知不敵乃定變法而中國是時亦嘗鴉片戰後創鉅痛深外患之迫尤爲過之日本以鎖國夢醒悟己國錮蔽之禍知泰西文明之盛乃遣使四出廣求智識而中國是時亦有遣派海外學生之舉蓋近世以來中日所遭之世變同而變法之動機猶相類似若其漸去漸遠卒至興廢之跡判若天壤則皆四十年來事耳吾嘗思之曾紀澤以睡獅已醒之言震動歐洲時與日皇誓太廟定國是之年少相先後而已日本舉國一致維新四十載間遠獮亞東今入其國讀其書察其學術蒸蒸進教育普及之狀非惟遠邁吾邦即歐西人士亦歎其進步之速爲未曾有而吾國者一敗於鴉片之役再絀於英法之師三衂於馬江四困於聯軍外患之來如投石危崖愈轉愈急而返觀國內維新者徒事皮毛守舊者方酣頑夢庚子以來言變法矣乃彈指光陰又將十載興學尙少仇學者已衆坐使西人詆我爲未開而日本亦忘我舊德鄙我於朝鮮之列嗟我邦人試一觀己國教育之狀而以與日本較有不憤氣塡膺愧死無地者乎雖然試攷其盛衰懸絕之故則亦有可言者蓋日本國情異於我者約有兩端一歷史地理上之

關係也夫漢土開化遠在四千載前聖智繼起制作大興學術之盛尤表特色其環我而居者多游牧種族無文化之可言例以我土地之大人民之衆獨雄東亞數千年來莫與爲衡者是以國民自尊之性發揚甚盛有高尙之國學乃鄙外國爲蠻夷特廣大之版圖而視他族皆小醜古時交通未開國人不識世界爲何物降及近世泰西文明勃興適値我國學衰微教育廢失之時海禁遽開相形見絀而自尊之性已成牢不可破不屑學人並忘固有變轉相成乃以有今日耳若日本者古無固有之文明漢學傳來始知文字之便學問之大制作典章惟我是倣若論其地則彈丸三島無足自豪是故數千年來日本習知學人之利而不以爲辱熱崇我漢土文明者及與西人接觸其文物遠勝於我遂不殫竭全力以遡之迨世界之勢既明國是定教育興矣此其異者一也一政治上之關係也夫封建爲制易於一統此盡人而知之者也吾國自秦以下封建廢專之制局成二千年來分離割據間世或作而終必歸於一夫專制政體者吾族衰微之總根原雖罄南山之竹不能盡其言者也而其遺害最深莫如教育漢代以還王者謀巳之私務以籠絡天下爲保位之計學術

定於一尊使士不能自盡其才闡明新理降及後世科舉之制與士以詞章爲業人以富貴爲懷神州學術乃以漸湮而形下之學利用厚生之道以不足攖高官厚祿也更委棄之不屑其道蓋其流弊所積至近世而極夫當國權喪失日蹙百里時而國人乃吟唔詞章手册籍而忘金帛也豈不痛哉若夫日本自中古以至維新封建立國垂二千載攷其一藩之大不過當中國一郡縣地狹則易治才能之士易於聞知故無科舉之制以腐人心而孔氏之學行其效則士知求學爲立身致用而非干祿之具即無學之徒其於士也尊其有學而不羨其有位是故人心相厚向學殷切及知西學之優與教育普及之爲急務也則上下一致以求之此其異者又一也凡此皆由來甚遠非朝夕所致而中日教育盛衰得失之林要不外於是矣夫神州學術之優尙土地之廣大吾祖若宗殫智竭力成之得之所以貽厥後人垂光萬世者也專制政體弊害甚矣而進化階級非所能越中國封建之早廢亦開化時早之徵豈可厚訾然而時代遞嬗因果相生昔之足以自豪者今適所以自餒昔之所以立國者今反將以亡國尤可痛者日本以無學而學我者用立教育發達之基我有固

有之文明者反成教育衰廢之象此誠天下之奇而有志之士所以仰天而長歎思古而傷情也

抑教育之興廢中國今日之死生問題也吾之言此非徒使國人憫懷古今而已蓋將以勵其後耳夫今日言救國之道不一而探其本源實惟教育今世各國恃其智強之國民精深之科學脅我以威貸我以商十年以來吾國已陷於無形之瓜分而國民夢夢曾不稍覺循是以往吾國人不欲吾國存則已耳苟不然則非合國民之力急謀國民教育之普及喚醒國魂研精科學以抵制外力則覆亡之禍至不崇朝豈可倖免然而迴首宗邦政府官吏之無狀吾不暇責亦不屑責矣獨怪國民者以關係存亡之教育事業而委之無信之政府庸愚之官吏任其興廢坐視不謀即間有一二有志之士當其目擊時艱投袂奮起其氣概之雄志趣之大固有不可一世者而一遇阻力頹然沮喪否則始或熱心繼則因循墮壞變其志節而教育事不堪問矣夫以中國之大言興學者十年之久而無一學校可稱完備者非政府乎非國民乎曉我國民縱不師歐美獨不一觀日本縱不爲子孫計獨不一念先人餘烈而

思爲之全乎吾秦人也。欲與鄉士大夫共盡提倡教育之責。將先攷鄉國教育漸興之跡。述之以餉鄉人。詳其興學之次第及其方法。以與我國較。而維新前後志士仁人苦心慘淡百折不回之態。尤不憚詳述。使人有所觀感。知日本之小。尚可興國。況在吾邦。如人各持堅忍之志以從事於斯。救亡之道。於是乎在。嗟乎。來日大難。千鈞一髮。保先烈以救沈淪。時惟今日。責惟吾黨。福澤新島其人。吾於國民望之矣。

論著五

興辦西北實業要論（續第一號）

俠魂

第二章　於興辦實業上應先設施之方針

(一)興起企業觀念

土地猶是此土地。財產猶是此財產。人以之致富致強。我以之轉招危亡者。非地殊物與質無人以統御指揮之使物力畢盡而財產咸歸於有用是卽謂之無企業家亦卽謂之無多數之企業家也環地球而處初本立於同等地位非維國權無相侵即財權亦各不相奪風雲轉瞬立國之意爲之一變咸競競以充積財權爲擴張國權之先鋒舉國遂着眼於企業一途於是多數之企業家掘起奔走號呼輸其思潮揮其腕力冒險進取組合其財產勢力土地對於衆以謀公益對於己冀分利潤分途並騖地利悉闢物產充裕諸政賴之以興內力熱漲遂思洩之於外於是甲國對於乙國之貿易政策行焉始則就近去道一試於同洲之國及乙國不受甲國之吸收精髓政策以漸致滅亡遂起而抵制之亦從事於企業而甲國勢不得不捨甲而環輸智力互相奮發勢力相均同洲之國泌無受其愚者企足東望亞洲一片混沌土尙是爲貨物銷售場捷足先得者遂攜其各種奇技淫巧之製造物船載而來泊我港灣叩我門戶求爲通商他謀原非所計我國人初不爲抵禦之法第相賞其出品之精以爲巧奪天工競相奔購之不暇然此在我不過歲增一漏卮在彼歲贏其多金於國權無大傷也轉而相進野心頓起遂欲握財權以爲把持國權之媒介

一國爭馳各國步後我國遂爲俎上肉耳始也販其貨物而來猶出自彼國之財產之土地之勞動之所連合而製造之也旋且易其方策第持其資本在我國而爲之購地土役勞力以成厥事其獲利更巨於是由門庭而深入奧府採山掘鑛擇地築路如入無人之境我之土地非不倍於各國財產非不駕於各洲勞働者之堅忍耐苦久爲諸邦所推許何以由棄野蕪地利不講財產用之不以其道而華工問題旋爲各國所排斥是豈以無多數之企業家於資本地方人工諸固有之點而統御之咸歸於正以致此也兩相比較則企業者之關係如此其重大吾固以此爲振興實業之第一關鍵

企業之定義　土地資本勞働謂之經濟界三大要點於三者而統合之指導之以達其財產增殖之目的當以斯業爲企圖者曰企業 Business or Enterprise. 其任斯之人曰企業者 unternehmer 弗利氏曰所謂企業者組織其經濟之設備財產及勞働力應如何之使用擔荷其用費且決定其以如何之貨物可供給其如何之市場統一其內部之設備而指揮之者也據是則解剖其企業者之實際行動而

言之彼既爲其企業之組織者又爲其指揮者非徵須通曉一般經濟社會之大勢察知人類屬於何方之欲望且必注意其欲望之變化從風俗習慣及嗜好之所推移豫想其生產消費之所趣向乘机而投務計其產業之繁殖使充足人類之欲求如是則必樹一定之計畫使用資本於有效位置勞働於適當荷法律上之責任監督經濟行爲之總體是即企業者之職分性質也然企業者之實際行爲就英米經濟學者種種方面而觀察之其大別分之爲二

(一)從事於事業之組織及計畫

(二)爲其計畫實行之監督

其大意與諸說相同瑪加祿氏曰勞働者常揚言曰吾人對於社會譬猶同營新聞紙之事業第爲其排字工夫而已審是則此等事業亦職工之必要然僅恃此職工事亦不成其印刷工亦不可缺僅印刷亦不克濟事有所謂記述者從紙上之記載然亦不能決定其所載之事件於無論何事而可決定者則編輯長是也推斯以觀則所謂企業者亦即編輯其事業之人且其位置猶之一軍之司令長官耳綜以上

諸說。則企業者之名稱之職分可爲勞働者之統率當財產管理之任荷生產之企畫且決定市場供給之範圍其對於企業之地位如御者攬轡操縱存乎其人此則爲正當之理解也

企業之起源及分類　人世關於經濟上之行動其重要之關係不過兩方面而已。財之獲得及充用是也。就現今經濟社會而觀。企業者當財產獲得之衝家族者當財產充用之任此兩者判然分離各有獨立之職分然在於所謂自己生產之時代。財之獲得與充用統歸於一家族經濟組織內無所岐分也以此之故則謂企業之胎胚起原於家族之經濟也可家族經濟在發達展盡之初其欲望悉從家族員之協力而充足之唯其一時力有不逮始置場所從其氏族共同生活之遺習於友愛上聯給他家族資其力以補不足是則家族經濟本來之趣向不過家族員之自足生存無供他人其所餘剩之財亦不擴張生產貨於企業之活動交通之機關大有缺陷然家族內有一定之計畫與組織其生活團體日見發展則對外部之方針務設嚴格之藩籬以抵禦之而家族員亦遂相互以利已心對外於是排外之趣向力

益益增大如此則家族者一方集合其財産而保存之以貴傳子孫其於他方則教導以計畫之作業與分業之習慣其經營皆從其家長之策畫從命令之多數人亦不許相軋轢其從事於共同作業之手段日益進步經營指導者之組織能力日著効驗此爲最初之單簡營業亦即爲近日企業主義之萌芽也企業之主意既起漸漸相進愈見推廣茲就其諸種之方面而分類言之其分析亦甚繁然最普通者之區別即箇人企業與結社的企業是也

在箇人企業其企業之成敗惟歸重於一人之企業者用箇人之意思行之於各方面其企業之盛衰直影響於一人之身而企業者與勞働者相比較亦不大懸殊且行動無容他人置喙得隨機應變之特權故多行其榮枯盛衰之急激事業常有恐怖之勢

結社之企業者二人或二人以上之團體同其企業結合多數人之勞働力及財産以張大其經營上之勢力藉以達其充積企業上之目的比之箇人企業則採用大經營 Gnossbetrieb 之方法似較易而成功亦不比箇人企業之困難也但結社企

業不得以個人之意思隨機處置必從一定之準則而行適當之事業結社之企業之形式。從各國之法律而異。茲略述之於左。

(一)組合　結合團體共營事業。如產業組合及職工組合等。

(二)會社　會社分兩種。曰民事會社。曰商事會社。茲爲商事會社。與吾國所謂公司者相同。以營利爲目的。其分合名會社。合資會社。株式會社。株式合資會社四種。

(三)企業者之聯合　如托拉斯特及美國新創行之大商店等

企業思想日益發達。則各人之欲望不同。故其所志亦異。遂有以下數種企業觀念之別。

農業的企業觀念　農業之特色。在與市場關係寡。而不倚屬之也。故能維持自足之經濟者舍農無他非徵商業不足語即工業家苟無生產物之購買以爲製造之財料遂亦不能保其生活據是則知市場未發達之時代無論如何家族其維持生活之根抵必求之於農業取農之生產物藉以供家族內之消費耕九餘三集其剩餘爲交換物之資然農業經營初拘束於土地之故從諸種習慣而受各方面限制每歲所生產盈餘之財亦已無多加之丁口之賦役年貢之制度胼手胝足灌園植本之微儲金檢束於自然經濟組織內而農民立於不自由地位愈不自由則其去市場生活愈遠家族消費之殘餘取以付諸田地之領主其提供於市場之物自寡而於技術進步經濟發展輪資本以贏利潤之觀念毫非夢想能到營業之意義既乏寶藏之陋習必多即使貨幣有餘裕不知企圖新事業唯徒死藏或分其若干數購地土除此則多消耗於飲酒賭博之場德意志古諺有之曰「我國農民多以購田地為唯一之思想」良不誣也然自貨幣經濟之普及農民經濟狀態遂亦不能不變而後世國家許納租稅金以代庸調農民漸慣於市場之生活其初販賣市場之物不過家計消殘之微點至斯時而其量次第增加希謨拉氏之計算曰。今日德國農民。其生產之半數。或半數以上販賣於市場。更轉瞬而觀大農家之生活富家畜廣土地蓄多數奴隸僕役其結果詎非從富有餘裕之所致乎由此而徵諸歐洲經濟史。所謂羅馬及中世英國之大地主皆從事於大規模之牧畜以成其富似各國農業發達非始自今乃其於古然在古不過一二大地主獨擅其長一般農民無此企業之思想遂亦不能不守制於地主鞭策之下至今世而其此企業思想之人

衆羣然思起自營畎畝雖然此競進之收效果何自仿乎

紀元八世紀乃至十五世紀間歐洲諸國所行之莊園制 Grundherrschaft 實以保農業之進步其始由使家族發達從家族結合對於人及物而生管轄之關係則此等王侯貴族世俗之莊園並寺院中宗教之莊園始有多數臣下佃僕役而大施經營定賦役年貢之制度集許多之生活必需品與勞働力以維持此政治及宗教之大團體內部消費餘財得供販賣資因置特殊之役人又保護外國商人而計及餘剩品之販賣並武器等之買入是農業競進之觀念起於莊園制度時代演而至今多數之人皆具此思想日謀生產之發展夫農爲邦本土地實生財富源日本近於列强工商戰鬭中亦稱健將獨土少人口日滋乏耕種地直糧半仰給我恆以吾邦米糓出口之禁弛動彼全國之欣羨我國疏於農作田園荒蕪所在多有西北一帶往往數百里炊煙斷絕生活程度過低日所得足供半月食游惰之民袖手街頭如羣羊無牧者然既不有事南畝而富室財產之多寡恆與田地作反比例除住宅墳墓外幾不留半畝田餘則農夫豎子疏鋤若干畦隨意播種成熟聽之天然歲

穫僅足租稅禮婚喪祭鄰里酬酢之用鮮倉箱儲蓄稍愆期荒年立至流離載道田野不闢道路不治雖曰牧民者之責然一家樂寧知一路哭也若不自起力作矯此行將數年後鐵道交馳汽笛聲中打破桃源洞裏美眠彼時地價騰貴強有力者乘機預發之去耕恐土戶居民鼓腹油油擊壤之歌聲將易為垂首蹙額之歎語也牛馬奴隸斷送今生誰復哀憐試舉例一觀愛爾蘭內地人日稀少土地豐饒居民昧於農業思想樹林鬱翠之傍溪流滾滾之邊牧人結廬者寥落大地主家見而羨其生計之裕讓斷其初也養人類以事耕耨繼知養畜類之利倍於養人類乃迎牛羊逐土民竄進於山嶽海濱於是牛羊散居於沃壤上人退去於瘠土拾礫石採海草勞勞痛勉僅能生存當時遂有『吾人生於十九世紀之文明世界爲畜類而幸爲人類而不幸』之冷評焉此可不爲吾黎隴人前車之鑑哉輟耕隴上者曷荷鋤而起也

商業的企業觀念

就企業之歷史並經濟史之全體而言。農業與商業之意義。二者全然立於兩極端。農業起於家族經濟之內部商業則起於外部也故企業之完成於農業爲最遲於商業則最速一以維持人類生存之基礎一以增進經濟組織之階級是則商業之發達仍於企業發展之歷史有攸關不研究國民經濟及心理上發展之一切歷史不足以得其主眼茲之所論特關於商業的企業之大要耳

器物交換者非起於一種族內乃起於異種族之間屬於酋長及族長之特權是實爲商業創始之起點其初業此者不過貴族僧侶武士大地主等至後世遂生特殊之商人階級其事屢有變遷然交通方法未完全法律亦不備不能不需團體力與國家保護之制度因此乃喚起海陸之隊商制度與國際條約之締結且於治政上之目的及征服掠奪之策略亦大有關係是固不可不明也雖然此等之制度及法律與今日商界營業上之組合大異其趣非結合大團體以計算營業之目的乃結件旅行從共同之力以防天然災害盜賊掠奪之厄並計其生命財產之安固如現在蒙古一帶經商之駝客也或共同陳列商品畫一貨物種類之價目僅務操市場之特權而已各箇之營業行各自獨立之計算而無共同組合之思想古代各國之商業大抵如此。

商業與商人之名詞。通乎古今中外。其義雖同。因時與地之變遷。其根本上之意義遂有重大之差點今於中世之大商人及外國貿易商人姑且置之不論所謂當時多數之商人(如我國現時都市之商人)其地位決非企業者可比彼等之思想感情及社會上之位置從其行動之各方面而觀自與中世之手工業者相近所謂營企業者實屬皮相而已彼等之所期者亦祗從自己技術之勞働維持其自分相應之生計此外亦無他奢望蓋彼等之所謂商業既無營利之手段畢竟徒謀其糊口之道而已對於自己技効之勞力多寡以得報償與操手工業者亦自相同故此時代之商人謂之技術之勞働者亦可是蓋各國中世之商業情形也

我國商業發達最早徒以墨守舊法鮮窺時變以致與各國相較。瞠乎其後。然其商業道德及信用他國所不及即外人亦常稱道獨於聯結團體組合大資本與世界商業爭衡尚未夢見計蠅頭之利味進取之機猶不離中世手工業者之習慣此其所以餒也希木拉氏曰『巧於營商之民族靡不具有企業發達之組織然今日支那商人之工於商業其質素與敏捷大優於歐洲人之性質而彼等之商業依然不

脫家族時代範圍終不能與歐洲各國立於同格之位置觀此則中國商業不發展之故可以恍然悟矣

近世以來工藝技術之進步其生產力發達從而供於市場之商品愈多在此端商人階級之增加競爭日盛而彼端因市場交通之發達與商業制度之完備隨時隨地平準其物價差異進行愈速其競爭愈激如此事情既足使市場販賣之困難而於商業經營上亦頗不易爲力是不得不於商業學獨立一科以專研究此近世之國家急急銳意圖商業教育機關之完備也爭奇鬬巧各國商業學術均有特質然其理雖在成功之臣子錚錚然以商業家鳴者大都不過具大膽冒險之勇氣與細心計算之能力故無論大商業家及販賣商統歸納於營業計利之一途極於企業全盛時代即小商業家與小販賣商亦不僅如從來之徒計生存且進於營利潤以事擴張此各國近世商業之情形而商業界企業發達之勢亦可概見

英吉利區區三島國耳自十七世紀以來持重商主義以鬬列強長足進步商圖旗幟揷徧全球至經濟之發達饒爲列強冠遂惹起各國野心演出現今一商戰之世

界渾圓球上之貿易場吾國實司樞紐特彈挾矢各欲中的在我商業界中應如何改換舊態力圖進步以維利權固漏卮乃甘蹈跡於彈丸黑子之小乾坤仍不脫中古商業之習至吾秦隴僻居奥區坐井觀天其商人知識更形卑淺小焉者開業成務其志無他徒取村童掌中之微利爲足門面火食計也所謂大焉者亦無特殊能力酒中攙水而外無技術七折八扣之間即生意無論作業大小至以『小心燈火謹愼門戶』八字奉爲圭臬不惟於商界之新知識毫無所得即固有之舊道德亦日見衰微商家自以市井之徒自居而人之於商亦多賤之流傳忘返積弊日深抑豈知商業於國家人民有絕大之關係哉夫優勝劣敗自然淘汰彼等猶能操業闤闠者以內地礙於交通諸貨物消費力尙少而托拉斯之餘燄尙未射及也不十年後交通機關活動物力增入彼等商業不被人之吸收滅絕即奄奄待命適以自斃而已將時度勢曷興乎來

工業的企業觀念　工業與農商二業大異其趣先就技術一方面而觀農業多受自然力之影響爲土地所束縛行分業之制少其技術之進步最遲故自今仍不脫

家族經營商業雖屬移動性質束縛於土地者最少然應用於技術之範圍不廣亦無需多數之勞動者僅有少數助手以供經營其事已濟若工業則受土地束縛不如農業之甚技術應用之地位最廣斯技術進步之跡顯著需勞動者之數多且大行分業之制比之農商二者其經營形態之變遷固甚速次就經濟方面觀農業起於自足家族經濟之內。而自近世猶未全行分離商業起於自足家族經濟之外而故其分離已早若工業始雖起於家族經濟內漸圖工業的企業之發達於技術上經濟上持秩序之進步伴國民經濟發展得於企業歷史中卓著成效占優勝於今日工業世界此其工業之性質也。

工業發達之順序。始從家族之消費經濟。分離獨立。逐階而升。至今日遂達極盛之點。然其所經之階段。可分數期。

(一)家內業務時代　Hausfleiss

(二)手工業時代　Handwerk

(三)工場制工業時代　Manufaktur u. fabrik

家內業務。一謂自足經濟時代其工業組成之制度。作工於家族內。與農業不能分。取家族經營之形態。勞動者皆屬一部分之僕役。及家族員等。惟於男女間有一種之分業。其製品之原料。皆取用於自己家族內所得之產物。只以供家族之消費使用。故其式亦不出自己嗜性之所好。即器具等。咸不外供個人適用而已。迨後與農業稍稍分離市場交換之道漸行農民於家族內使用上必要製品所生之餘財出以與人因交易其自己經濟內所不生之財產貨物由此而與市場之關係次第密接。遂脫除自足經濟而進於都府經濟時期急急從事於工業矣

手工業者。亦不能全然與家計分離而獨立蓋家族經濟時代所製之物品僅供家族內之使用若手工業者則分消於他人是工業的企業之萌芽始於手工業學者往往以中世之手工業指爲分業者然手工業之目的在爭自存企業家之目的在營利兩者根本之差別固不可不辨夫手工業者其特別工藝之技能從其勞力與經營以謀生計是即謂從事工業之勞働家且自備其作物原料經營基本充生產之組織者指揮者常從事於買入販出之事期多識顧客應顧客直接之購訂利用

餘暇貯存幾許之製造品販賣於地方市場是手工業者一人可爲資本主經營之組織者指揮者並兼商人之行爲然能維持社會上之地位得貯其富以大展其事業則非僅手工業者所能遂必增進技術上之智識及殊能始可漸進此境若手工業者多屬中產階級從技術之勞動立社會上身分相當之生計維持經濟上獨立與人格之自由彼之所期者僅此其目的在競自存而非營利故手工業者久之與家計漸分然其所營之方針始終不脫家族經濟工業因之不大進步交通亦不發達於販賣市場地方不過占單簡工業之位置自貨幣經濟普及與個人主意之全盛遂打破是等狀態發生此工業組織之新制度而工業乃如初日發皇不可遏經幾階級旋達於今日企業制之工業時代

手工業伴交通發達而漸進始爲直接售與顧客並僅供附近之市者輾轉得運販、於遠方之市場商業智識因此養成遂造出許多之大商業家然一切中小之手工業者乏商業家之能力往返市井間徒浪費時間與勞力於是大手工業者之製品皆歸特殊之商業家售賣之遂能執其商業之智識計算之能力並利用其所有之資本與信用而掌握工業交通方面之全權立一定之計畫於工業組織上由自宅勞働而移於前貸制度 Verlagssystem（前貸制度者由企業者使役其幾多自宅勞働者將其原料生產物及勞金預前而假借之之謂又稱此等企業者為前貸人）復由前貸制度而移於工場制之工業且進於世界市場結合大經營 Kombinieter Grossbetrieb 之工業制故今日列強立國以商戰為先鋒而以工戰為後盾方競爭之力益益促其集注之經營在地方人口之增加與交通之發達愈廣統幾百幾千萬人類之欲望其所求同歸一種之物品以爭奇則生產之大經營愈盛歐錨美槳舶載東來大好市場供人販賣我方拘於器用故習不為斬新鬭巧之謀折斗剖衡徒摩挲古鼎風雲則其產業之衰弱不振益有由矣百工居肆以成其事不與其藝不立其學願三復斯言莫或躊躇也

未完

美人之長江訪問

魯曼

據華盛頓特電米國公使羅若喜氏受本國政府訓令擬於西歷四月乘米國裝甲巡洋艦華盛頓號（一萬四千噸）並率馬尼剌艦隊溯江西上訪問沿江各督撫嗚乎長江果具有若何之强大引力而能攝一萬四千噸之大艦渡洋東來耶吾思之吾重思之而知美人此舉非欲與各督撫通欵洽也道殷勤也實欲借此驚天震地之武裝振儆之腦怖懾之魂先以威嚇立其威望而後乘機而揮其波譎雲詭之手段以助其商業侵略政策之進行其心之狡計之毒直較斯拉夫拉丁人種而上之也大江以長蛇蜿蜒之勢橫斷腹地爲南北兩部沿江數省之品富寶藏悉可借此爲導線且水深岸闊下無淤沙當盛夏時可通一萬四五千噸重量之艦西人謂爲支那之一大動脈蓄羨之也自千八百九十七年清英條約之結果以揚子江一帶爲中立

地。不得再租借抵當或割讓於他國。於是長江流域遂爲英人馳驟之場沿江各稅關若鎮江蕪湖九江漢口宜昌重慶皆歸英人勢力下矣美之於吾國也雖未恣行侵略。然於經濟界占非常之優勢者也往以們羅主義之故而令此商工業上無二之活動機關悉英人壟斷之不得於此大動脈上占一穩固之立脚點固自今悔其失計矣況近日歐洲政治家之眼光莫不以吾國爲擴張商權之好市場列强集矢稍縱即逝美人能不橫刀躍馬着先鞭以爭鏑乎美近以日人滿洲政策。有違機會均等主義。擬待廻航艦隊之東來舉行大外交談判。以若何之手段。於中國造一大發言者之位置此說已載之東西各新聞。今長江訪問之事。其殆開幕之第一手段乎西報謂此舉必得最良之結果。其能得與否吾不敢知吾敢必廻航艦隊之東來必於美人之商權擴張上施以好機會也至羅苦壽氏之長江訪問。尤其狡計之第一着耳往年公使。嘗乘艦訪問沿江各省矣。其結果也德國遂爲長江競爭場裡一大勇者美人此舉其故智也多一次訪問即來一次艦隊吾恐列强之訪問無窮而長江之寶藏有限行將爲漁翁打盡矣嗚呼。內地通航腹心之毒長江耶長江耶其

支那之禍水哉我國民疑吾言乎請拭目以觀將來

最近之政府觀與國民之當決心

大旡畏

自徐錫林以遂官巨職倡言革命。躬親執械。誓死力鬭。而皖撫斃於非命。紛擾幾起。於是促成時論。謂非立憲不足以圖存。即非立憲不足以保帝天下之尊。故袁張得相繼入閣。共圖改進。論者又仰首北望。張目大呼曰。憲法之頒布非遙。而預備之時期。行且就矣。政客四出以說干貴人。欲其一顧以自豪於一世。上書請願者。接踵乎北闕之下。自謂其說之用。即在目前。而執意高官厚祿者。適反其言以鞭笞之言論集會新聞禁遏之條件。相繼發表。苛虐達於極端。而政府諸公所日謀預備謀實行者。則此借外債之一事。夫此一事也。爲害於國家。豈待問哉。以蘇浙兩省之民。與夫天下有志之士。交相電迫。以求脫免。而終不見宥於諸公。諸公自謂處於外交困難之地。實無可如何者也。故不得已而殖此亡國之種。以爲將來之隱患。吾雖不敢深信諸公之言。而吾通國之士夫。與夫蘇浙兩省之人民。若甚有愛於諸公。而遂信其言者。斯亦已耳。然所謂預備立憲。與所謂實行立憲者。政客奔走於諸公之門。新聞紙聒噪於諸公之耳。有識之士。咸謂此吾民之所幸遇。而千載之一時也。將定於諸公之手者。今且卒歲矣。而諸公終不一顧問。假熟視而不覩者。將亦有所謂隣邦與國者。不得不輯睦之。和好之。而徇吾民之請願。將有傷於邦交。而置諸公於困迫之地者在乎。此固當今政客與夫有志之士。所厚望於諸公。不能得其解說。爲此問以待決於諸公者也。記者無望於諸公之立憲亦不甚措意於政客之諸般運動而欲其有成也。然且有所云云者。則願我國民之熟思之而審處之也又一事焉。政府諸公顯爲之。而自以爲可以掩天下之耳。吾國民熟視之。而自以爲無與於其身。諸新聞紙。若知之。若不知之。或且偶一及之。而欲吐不吐。似甞不甚留於意者。記者將顯言之。天下或且罪其言之多而無味。未可知也。然而記者之不能已於言。則言論吾之自由而其事又似與吾有微末之關係者在茲政府有二大厲行之處置。而爲天下所共聞者。則段芝貴之革除。而樊增祥之撤去。是也。段吾不甚惡。樊爲陝人脂膏所豢。記者習聞之。而審知其價值者也。居陝數十年。陝人士不聞稱其一善。道其一長。而惟述其醜惡之行。以爲談笑之資。自往跡言之。誠恐有汚吾人之清聽。而亦吾鄉人所記憶。無容贅述者。至於去歲見除之由。則以鐵路攤捐妄施屠戮之故彼陽欲竊取熱心路政之名實則他有所謀而出於此稍有心時局者所能知而政府諸公似亦深知其用意之所在故決然斥去之而不顧乃曾不數月而奬施其進用之術狐媚諸公罔知恥辱遂有山西藩司之復簡段亦適於其前後重任之為東三省練兵大臣矣夫段以何等事得罪於天下而遺羞於列强吾無言矣吾即無言豈復有一人之未喻也東三省今日之局俄日兩國各逞其能事爭欲攫而納諸囊中非可復講鐵道鑛山之權利與夫通商條件之受虧勿論矣甚且警察行政土地所有權（間島事）日人曾不少顧一切為所欲為彼徐督之昏庸無知形同木偶已使人生覬覦之心種種要求日出而不息今間島事急矣人欲以兵挾我求制其新聞紙屢屢言之明目張膽無所顧忌以促其通國上下之決心而政府諸公以此莫大之事權地位為大惡不道豺虎不食之段芝貴作升遷之荃夫天下豈有不知恥辱之人而可使之握兵為將令行禁止者抑吾中國軍人之性質獨不同於列强耶不然則是政府諸公知段之工於狐媚使挾其術以悅外人而使之忘其謀我耶記者不能解亦不欲與聞諸公事。然吾國民所恃以爲保障而介居列強之間謀自存而終不至於亡者則惟此政府是賴吾欲我民之思其果可賴與否而一再熟計之耳無徒自苦而與之俱亡可也昔桀之亡其國人曰時日曷喪予及汝偕亡吾國民其亦樂與之亡而無所悔乎。

僑居蘭領婆羅州同胞之末路

俠魔

寄軀殼於生存競爭之世界人類掊克之宇內欲綿血統留種系於不墜且日能振興其繁榮發達大有爲之運命以爲一族昌者於二個之標準可以判之其一視彼族內子孫之蕃殖力如何其二即視彼族播布於四方之勢力如何歐洲人種學者博梛屋氏曰就現時而觀若演至二十世紀初可計一億二千萬之斯拉夫民族將能蕃息播布於彼廣漠之領地六千萬之日耳曼人與三千萬之澳地利人可依次跋扈於中央之歐羅巴又一億二千萬之盎格魯撒遜種計可盡領地球上之最良區域且加此諸大國民之上如支那帝國者若干年後其面目一新亦可決然無疑如氏之言則吾民族之蕃殖力與播布力夫非冠彼列邦乎即就吾輩主眼觀之亦

自信其殖民精神貫徹大千可欽可贊者吾民族發展之勢力可視可賀者吾民族雄飛猛進之前途『將使世界寸土與尺地盡爲支那民族殖民市』吾日日歌斯詩以誌吾之所志豈知歌於斯者即哭於斯天崩地裂無何以可驚可怖可哀可泣之慘新聞振吾耳鼓接吾眼簾刺刺焉激吾腦海

日本『太平洋雜誌』載稱在蘭領婆羅州之日人增田幸一郎。報告本國書略謂。散在爪哇及蘭領婆羅州之支那人三十萬欲入籍日本若經許可則不惜以五十弗或百弗入籍貲獻我政府蓋因我日本人能與和蘭人受同等之待遇也若此次許允其如此多數支那人入籍則凡散在南洋羣島及印度之支那人可一舉全爲我有兒玉氏歸朝之後。當與朝野諸名士詳細籌商。應分之助力。是所願也。此先敬答』辭是則日本政府允許與否尚未見諸實事然囑鹿非顧恩者不爲剝貪如日本寧拒諸國門而不納耶吾同胞之決心與否雖不可必然此念一起即使暫忍於一時者未必能鞏固此觀念於後日也古之人有言曰。吾聞用夏變夷未聞變於夷者也益有深悲夫傷心痛目之慘未有慘於國破家亡種滅族殲降爲人奴者。今乃欲脫祖國名籍爲蕞爾島國歸化民此何故吾思之吾重思之將謂彼日人新勝強國之榮欲攀附之以分餘蔭耶則世界各國之勝於日強於日者非不數數覯胡此惡耗不聞於前也將謂日人近者喜移民政策是使四出曰印度曰飛律賓羣島首事牢籠欲尋一片殖民地苦於經濟問題特收拾我民脂膏資彼浥注以宏遠圖因而誘使我同胞誤入彀中此亦或不能免然河山回首恒增繾戀誰無兄弟如足如手祖國而敝屣棄之非我愛情獨摯之同胞所忍爲亦非彼綱羅技倆所易爲力也國權喪而神明胄裔之骨骸皆賤種族奴而碩學達士之人格亦低遠適異國昔人所悲向之受屈辱於異族腳蹠下飲恨切齒毫無異志者或一念及故國破碎山河得有大放錦光燦爛之一日闕一年而政府專橫如故國民退縮如故主權喪失如故外人勢力伸長如故一坏骨何須歸故土人間到處有青山欲其瓜分豆剖卒陷於奴隸卑曲之境籍如草自爲計尚可偷安旦夕誤此殘生否則爲奴之浩劫終不能免先後殊而所遭殘酷異其久暫耳我同胞一念之差或忘其種可殲不可奴之大義而有此極端的悲觀也揣情度勢事或不出乎此者今再一徵其在留彼邦各國人

所居地位與相處情狀則吾同胞末路之悲亦可大白而曉然無疑矣

婆羅州南洋群島中大島也其地有爲英國所領者有爲荷蘭所領者惟地區各有所宜蘭領之地宜農藝其中以煙草爲最著次甘藷次米等日人近移民於此土者歲有增加和蘭人之性質素稱溫和施用權威亦適當然在此領內和蘭人之勢力幾乎橫絕一世遇他國人尚平等相待獨處吾國人及土人以同樣之苛例試舉數端以觀凡一等汽車汽船禁吾支那人與土人坐乘且往來於和蘭人宅邸前脫去帽靴始許通行不但此也土人或吾支那人無論有如何之大身分擁幾許之財產若乘馬車與荷蘭人中途邂逅非下車致禮不令往過嗚呼人奴種賤之辱孰有過於此者此吾同胞百無聊賴而始有此改換面目之妄念吾儕遽聞之而驚亦豈知吾同胞之輾轉反側更不知腸斷幾寸矣誰司其咎使我海內外同胞困苦顛憐至於此極也

殖民事業早已濫觴吾國而近世殖民政策盛行飾其勢頭者實爲葡萄牙人其時獎勵遠洋航海事業遣派遠征隊以擴張利權卓著成效繼而西班牙而和蘭而法

蘭西皆持殖民政策有志遠東英吉利區區小島國耳以一萬四千方哩之面積而能飽養四千百六十餘萬衆之人民且國富兵强莫之與京領土過於本國疆域也故欲卜列强之勢力率以殖民地多寡爲等差亦即謂今日世界各國之新政策一殖民之政策也爭奇鬬巧者此殖民政策攘取竊奪者此殖民領地我國昧於進取之機久矣昔也閉關自守今也日蹙百里朝臣閣老日斷送批賣之不暇遑計遠圖幸吾民具冒險進取精神乘風破浪以與惡濤戰猛獸鬪觸異族不可犯之鋒鋩卒樹其殖民根基於今海洋群島歐美各州星羅棋布據最近調查人口總數約六百七十九萬三千餘人 係今歲萬國年鑑 每年貯蓄約六千萬元以上輸送本國外人常稱我民族持不撓不屈之氣節徒手空拳其移住之地較蘭、英、曼、西、葡、等國人爲後而其收功往往凌駕各國而上之刻各國之移民他邦也以兵艦爲前驅以駐軍爲後盾庫帑資之於內國權維之於外吾民於此數者一無所依反受迫於人卒能於世界殖民場中樹一旗幟其能力亦可概見然試一溯當時慘澹經營之歷史有令人鼻酸氣悸而不忍言而欲解拆今度之意外問題又不得不詳追種因之原吾族海外殖民之歷史可分二段觀之。初期爲脅迫移民。近期爲志望移民。蓋吾民今日雖得移民最好成績。然亦非初志所及料也。推其所由。西人每興一大建築。起一大工程。因本國工人價昂。且無吾國人之勤勞。於是來華招募役夫。始也。環海各省之民。往往非被歐人誘拐於欺騙之約下。即被擒獲於沿海岸上。如拘縛黑奴之故態。有時若販牛馬然。合幾百人。區爲數群。因種種甘言被生擒於某市。有時乘暗夜襲奪沿海之住民。一舉而移載於舶頭。再舉而幽閉於船庫。稱其名曰「活荷」。且置此「活荷」於船中最下層狹隘汚穢荷庫之中。不許越此一步。其載於大船者。則置此「活荷」於蒸氣之放口。汚水之流道。殘虐之歐人。有時給以些少食物。置此不幸無告之民。屢屢瀕於飢餓。因此疫癘屢起。憤死者病斃者之數。難堪屈指。有時於船庫之內。氣息窒塞。滿船之「活荷」。悉變爲「死荷」。或有憤恨不堪。呼同輩於彼抗。卒也。惜以多數人之膏血。斃彼黠奴之斧鉞。此蓋脅迫移民時代吾民所遭之慘禍也。繼而達彼國土。備嘗艱辛。以勤勉儉素之特能。收回富資。遂惹起沿海居民之移民熱。而脅迫移民。一變爲志望移民。於是航海事業日見發達。然彼時滊船尚未廣行乘樣擊樹梃身孤鬪於驚濤猛浪之中捐軀魚腹者不知幾何人（就中千八百五十七年於阿巴那志嶴移民一端察之損命者平均爲航海者十分之一不止是年前後渡航共六十三回航海者之數爲二萬三千九百二十八人死亡者二千三百四十二人）即使達彼國內有非工作其埋沒於煤坑者幾何人戕命於工場者幾何人斃於鞭策者幾何人彼夫菼菰灣頭漲幾多臨歧之淚幽魂入夢哭望天涯之慘更不足道而檀香山之焚黑龍江之投西伯利亞鐵道之轢裂又彰彰在人耳目者也等是圓顱方趾胡吾民生命竟草菅不若彼人踐踏以至於此然吾民始終堅苦忍耐莫忘母國桃源者賴倫理上之舊道德以維繫之也故雖僑居海內仍率由吾國古來儀典以留遺骸於遠隔之地爲背道其散在秘露濠洲諸邦皆相議組一協會死於其地者即由協會搬送遺骸於故國零丁孤兒概依協會共相扶持且羣能遵行恪守故丘之義以是相擕相引雖我國民素無愛國觀念因家族的感情尚不至淪爲異族也今回婆羅州之警聞誠令人有出意外者此机一開吾恐欲延攬吾民財產者不止一日人而欲脫籍故國者又何止婆羅州三十萬同胞也膨脹於海外之羽翼既翦內而劃歸各族勢力圈之豈說亦相繼淪亡瓜分豳豆剖豳究屬話柄竊恐不待揮人之戈血人之刄

晉自相瓦解，投順敵庭矣。爲叢驅爵給將安歸，鵲巢鳩居，惟人是利，而輕棄故物。我同胞亦太無國家思想也。夫泰西各國盛稱殖民，其獎勵離母國適異鄉有事殖產之人民固不待問，即初具殖民思想如日本，其於居外之同胞，每隔三日即有報告紙一通，役夫豎子一寒一暑之微恙，無不備載。吾國近來亦稱珍念僑民，遣一宣撫使，派、考查員，迹其所實，無非爲搜羅金錢起見，於吾同胞之苦情究竟何若也？人既不以人類待我同胞，我自棄其同胞可乎？同胞或欲脫除故國，我一任其長此夷夏判途可乎？開門揖盜，惟彼之咎，知其爲盜，不能驅而去之，且欲反顏事之可乎？嗚呼！崑崙月冷，國魂何依；蜀市杜鵑，死灰詎無復活之日；吳江精衛，恨海終有可填之期。竊爲我海內外同胞拔劍斫地歌曰：莫哀時乎，時乎不再來。前挈後引，齊上二十世紀之舞臺。

嗚呼甘肅學界

哀甘

甘肅學界之黑闇，至今尚無一綫曙光者，皆甘督升允、提學陳曾佑二人之罪惡。據日教員所談，直堪令人髮豎目裂，拍案驚奇，而歎爲二十一行省所僅見，五大洲各國所絕無者也今將其詳錄下以供海內外同胞之公覽『西安通信云甘肅高等學堂於前年秋間聘日人岡島梅村高橋三氏爲敎習幷助敎二員去年合同期滿因學堂腐敗不堪一律辭退岡島等於十一月中旬到陝暫駐數日略述此校情形據稱全校學生十人九癮多以石板爲煙盤收支員某君以石板爲學堂所發用品例須收回因商之學生勿以石板爲煙盤而另發每生洋鐵盤一具云』據此鐵案以斷升陳罪惡彼輩縱有蘇張舌能以一口掩盡天下公論哉然其所以至此者豈無因哉蓋升允者素抱一仇視學界疾惡新學悉滅黔首主義者也（前者曾買某販新書若干箱至甘升允聞知遂令焚燬是與悉滅黔首何異）故其盤踞陝甘十餘年（按升允由陝撫升甘督）無一事可以表揚而惟知剝削民膏諂媚洋人斷送土地（小事不勝枚舉其犖犖大者如賣礦山黄河行輪等事他日當將升允盜賣陝甘礦務史將其惡跡全盤托出）陳曾佑者頑然無知之下等涼血動物而逢迎升意又爲大癮者也故其歷任數年餘不見創設一實業學校派送一出洋學生（西洋無論矣按日本留學各省皆有甘肅獨無所有者僅練兵處及進士館所派數人耳納稅派捐與各省同甘肅何獨向隅一提及派學生則藉口於程度不足升允前在陝時即用是術以愚弄限制迫升去後始有派學生之舉故陝西出洋者較各省爲遲）而惟知獎勵學生吸食鴉片以甘民數萬竭血每年養此奄奄待斃之死人甘肅何仇於升陝而必欲下此野蠻毒手踐踏

蹂躪斷絕讀書種子哉朝廷煌煌明詔勸獎興學鼓勵出洋而升允必欲阻撓之摧殘之若惟恐斬除不淨盡者上諭限制吸煙十年戒淨而陳曾佑不惟不自戒絕且以身爲學生倡上有好者下必甚無怪乎全堂學生十人九癮日以餐霞吐霧爲事鬼氣逼人雲烟繚繞如墮五里霧中也**然則所謂學堂者不過一洋煙館之變相別名耳**嗚呼甘肅其長此終古乎嗟嗟豺狼當道孰執祖龍之鞭生徒滿堂盡是尸居之鬼驅除之廓清之果在何年乎凡屬有心人曷不灑一掬同情之淚也哉

夏聲第貳號

關隴雜誌廣告（第一號已出版）

關隴爲西北鎖鑰天然占優勝之形勢其存亡得喪在歷史上地理上罔不與神州全局有絕大之關係況自俄人受挫遼陽後迴風西轉撼我崑崙西北急警日緊一日本社同人旣切桑梓之危復深祖國之痛爰自忘其愚矢移山志組織斯報專以提倡愛國精神濬瀹普通智識爲宗旨其於强俄在西蒙回疆之舉動及關隴與吾國全局關係之點尤特別注意發揮靡遺凡留心西北情勢者幸垂覽焉

晉乘廣告

本社六大主義一發揚國粹二融化文明三提倡自治四獎勵實業五收復路鑛六經營蒙盟議論精實深邃迥非浮妄皮傅者所能企及其中研究國語闡釋古學者諸篇尤爲空前絕後之作文藝一欄更能滌舊革新獨樹一幟咸有裨益社會之文不類無關時世之作誠文明時代無雙之驍將雜誌世界唯一之霸王也第一二號出版後大受社會歡迎三號現已付梓不日出書識時之傑有志之士曷一覽焉如欲訂購者祈逕函達本社或向雲南四川河南夏聲諸雜誌社訂閱皆可

每册一角四分半年六册七角全年十二册一元二角

日本東京神田區仲猿樂町五番地

晉乘雜誌社

中國新女界雜誌社廣告

本社痛祖國女權之未倡女學不興不揣綿薄思有以溝而道之爰藉熱心同志借股擬一雜誌月出一册持之經年區區五大主義演爲白話著之於篇爲薄海內外謬賞久矣中途因特組印刷所兼顧未遑遂至出報愆期厚負訂閱諸君之雅意良慚悔現今印刷一部既已就竣雜誌內容尤臻完美添聘撰述訂定專稿挽强赴的努力進行嗣後按月加出至彌前缺爲止惟冀訂閱諸君迅將報貲賜下並對於本雜誌有所繩糾而匡正之是皆本社瓣香禱切者也

特此布告

定價及郵費表

册數	定價	郵費
全年十二册	二元五角	一角二分
半年六册	一元三角	六分
零售每一册	二角五分	一分

凡日本郵便不通之處

每册加郵費五分

凡訂購全年五份以上

者統照定價八折

通信

日本東京小石川區竹早町三十四番

中國新女學界雜誌社

願爲本社代派處訪事員者鑒

本雜誌發行以來內地機關尚未布置周到無論本省各省凡有願爲本社代派處及訪事員者請逕通信本雜誌社事務所或各地代派處本社即將代派及訪事章程從郵寄上至其一切酬報定照原章辦理決不失信

本社謹白

學藝

太陽之斑點

(譯) 尊[illegible]俠

(一) 斑 點 Sun-spots.

吾人以肉眼觀太陽時。見一平面板或球形。是因被光遮蔽目力。故此光之部分。特名為光氣(Photosphere.)炎炎然圍繞太陽中心體而放白色之光。然若設法止其光氣而觀察之。則太陽者。決非無疵之球。而於其表面被發見幾多疵痕之印。此疵痕即所謂太陽斑點(Suns-pots.)者是也。其在無天文學上之知識者。常將此等事迂濶看過。然稍研究天體之事而持有趣味者。往往以肉眼而窺知沁斯派特。(即斑點)

(二) 形 狀 Form.

我輩若以望遠鏡觀察太陽之光氣。則明知其有斑點。且其斑點散在處處呈黯黑色。而形狀與容積均各不同。直徑有達於十萬英哩以上者。尚有僅及於五百英哩者。斑點之中心通常最黑。周圍呈淡褐色。而最暗之處稱爲**核**。周圍稱爲**緣**。其形狀如前所云之不整一。大約概爲不正的歪圓形。

（三）形之變化 Appearances.

太陽之斑點。依望遠鏡而觀察之。其外觀頗變。其現於太陽之東端時。爲不規則的橢圓形。而長於南北。短於東西。斑點次第自東轉其位置於西。而向中央部來時。略爲圓形。而東西南北。殆有

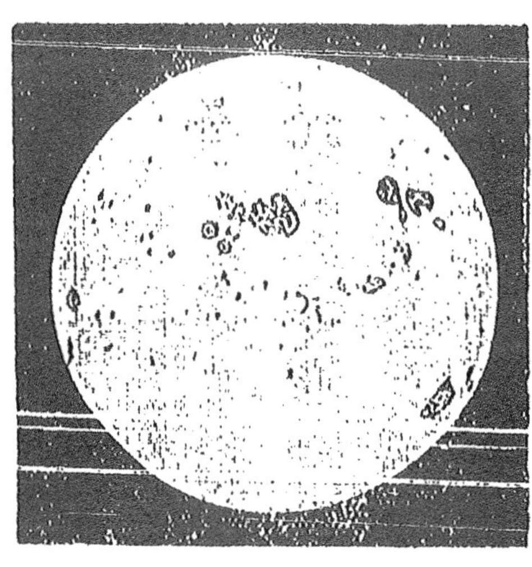

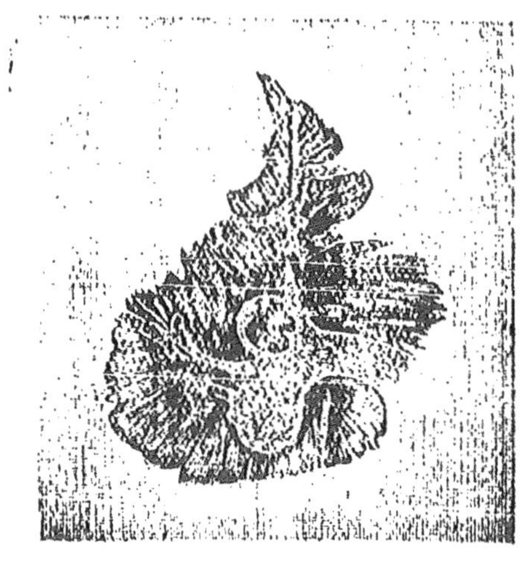

同一之長但更西而班點向太陽之西端進時漸漸成東西短南北長之橢圓形然非班點之**形變**(Change of Form)**外觀**變也

外觀何故而變此因太陽常自東向西廻轉無一刻或止者也斑點向太陽之中央來時自吾人棲息之地球觀之因成眞正面而呈圓形但在東端或西端時不能見其斑點之一端故因此而太陽之廻轉常易明白也

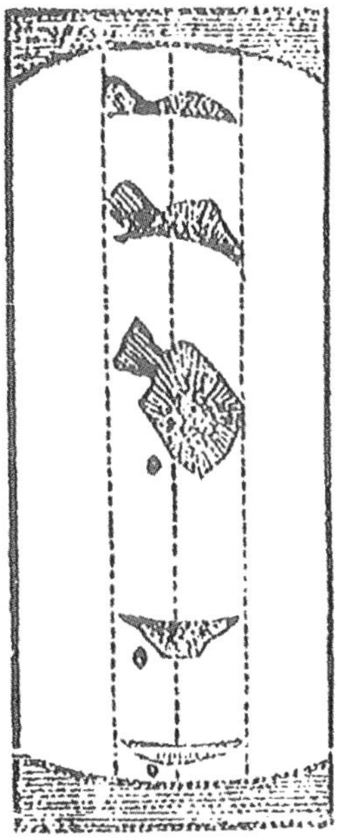

(四) 消滅 Vanishing

此次所言者斑點之生命斑點者永久不變乎但因太陽之廻轉其外觀自地球觀之而變耳否則確爲**變形**

由普通觀之則斑點者約以二十五日一過太陽之面自東出而向西廻更向元出東歸時恰要二十五日間經過二十五日(一回轉)五十日(二回轉)中至今而所有斑點皆歸於無其形亦變由來有斑點之處因太陽中爲變動最多之部分故也

且常出入於其附近。恰似地球上之地震地貌變。太陽之面亦變。與此同一之理。斑點亦有五六個月間。仍保其舊態者。亦有五六日間消滅者。時季一定。理由不一故也。詳述於性質章。

（五）數與時期 Number & Period.

斑點之數。常變化而無一定。多時則可見八十個。有時一個或不得見。其隱現無定時如斯之甚。增減如斯之懸絕。故有學者曰。斑點之增減。起於回期的者。平均百年間九回許。爲最多數與最少數出會之時期。今揭自一八二六至一八七二年間斑點之出沒表於左。

年	見斑點之日	不見斑點之日	新古斑點
1824	277	22	118
1827	273	2	161
1828	272	0	225
1829	244	0	199
1830	217	1	190
1831	239	3	143
1832	270	46	84
1833	267	139	33
1834	273	120	51
1835	244	18	173
1836	200	0	272
1837	168	0	333
1838	202	0	282
1839	205	0	162
1840	263	3	152
1841	283	15	102
1842	307	64	68
1843	312	149	31
1844	321	111	52
1845	332	29	114
1846	314	1	157
1847	276	0	257
1848	278	0	330
1849	285	0	238
1850	308	2	186
1851	308	0	141
1852	337	2	125
1853	299	4	91
1854	334	65	67
1855	313	146	28
1856	321	193	34
1857	324	52	98
1858	335	0	202
1859	343	0	205
1860	332	0	211
1861	322	0	204
1862	317	3	160
1863	330	2	124
1864	325	4	130
1865	307	24	93
1866	349	74	46
1867	312	195	25
1868	301	12	101
1869	196	0	224
1870	213	0	403
1871	219	0	271
1872	153	3	386

依此表以觀則斑點者前之十一年間爲最少數其後五年間則達於最多數

(六) 性質 Constitution.

於說明斑點之性質前予謂不可不稍稍先說明太陽爲物之性質太陽者與吾等所棲居之地球同爲恒星中之一而與 東五二 北河三 大角 畢宿五等恒星同放射黃色光而有金屬瓦斯性其始也爲有非常熱度之瓦斯體然而次第冷却而表面凝縮僅心部尙有高熱之瓦斯性或則以溶液性物質充滿

據德國底愛耳乃爾氏之說則太陽之心部炎炎然而爲溶液體其表面此處與彼處冷却而生固形體之渣滓因此而太陽之大氣幾分冷却而『弗過及斯非阿』失其光輝其所失之光輝即稱爲斑點

衆滋幾依氏之說與此異謂太陽之心部爲瓦斯體其處處破裂而欲拋出於宇宙間因逢其處之寒氣(攝氏零下一四二度或零下二七二度)而冷却故失其光明而成爲斑點兩氏所說不無多少差異要之以示原來之太陽漸被冷却者則有餘也

(七) 發見 Descovery.

太陽之斑點。無論自何方面觀察之。決非新被發見者。而且與自彼發見以前所有者。亦無差異。然不知者。或以為此因時代而來者。當其初公表關於『沵斯派特』之告者。即名為發步里久烏斯(Faqritius.)其人也。此為一六一一年。自此以前。有名之卡利來翁(Galieo)者。已於太陽之光氣上。即(Phalosphere)觀察黑點。筆之於書。然卡利來翁在當時。不過僅發見耳。尚未注意於實驗。且亦不重要視之。即於不思議之現象。亦不過觀取而止。至一六一二年五月。遂公表正確之發見。

與此同時。有德意志之柯里斯特非亞遣那(Crislpher Scheiner.)與英吉利之脫馬斯海里烏特(Thomas Harriot.)亦公表斑點發見之旨。此頃於太陽面之黑點。頗未明瞭。然自是依肉眼而屢屢望見黑點。但不思此為太陽自身所有之黑點。卻以為由太陽前方水星通過黑點所投之影。此等思力之錯誤。不待言而可知。卡利來翁者。畢竟有天才之人也。彼以為此斑點者。非水星之投影。或為翳痕。厥後發見為太陽自身所有者。且以其精緻之觀察。無論何黑點。以一定之速度。確定為自太陽面之東端廻於西端自有此確鑿大發見以來於卡利來翁之下此等判斷尙爲不可動之確說。其一週太陽實知要二太陽自身之移轉自地球觀之如黑斑回轉二十五日十二時間。但黑斑爲如何之性質今尙不明後有大天文學者出乎。吾知當能詳敘其顛末也。

有杞憂家笑曰太陽之心部瓦斯體乎。溶液體乎。果爾則太陽必待冷却。而始確實可行。然果使冷却。實太陽衰滅之兆候也。大而言之。即宇宙滅絕之意也。此其謬妄。不言可知。吾等於有斑點以前。無論有他之現象與否。尙不知其明確。故不待第二卡利來翁之出現也。

稊米之電氣言

孔憬

愚之于電氣。猶于大洋之中。得其蠡測之遺耳。所謂大倉之一粟。不足以云食九牛之一毛。不足以云暖者是也。雖然西力東漸。昔緣其科學之力。而其力居多者尤在自然物理。電氣者即自然物理之一門而最近發達極盛之學者也彼挾其至妙至利之學。而風捲電馳。精進罔已。而我猶安于巢幕。處于厝火積薪之上也。愚亦可哀矣。夫電之一字之入于吾國人之腦中。初非新名詞。而人不加察者何也。狃于舊習而自以爲已足也。蓋自神怪之說深中于人心。不惟婦人孺子聞之却走睹之變色。即搢紳先生。亦莫知其自然之理何在。最大之利爲何。是以電之爲說。載于書。詠于詩。著于易象。紀諸史傳百家之說者。皆以爲神靈災異之見而已。又其甚者指爲天怒。以之譬國君之威。不更見吾國人處于專制積威之下。而以奴隸牛馬爲已之天職所當然之徵乎。夫不知自然物理不惟望西人之奔逸絕塵而瞠乎其後。且并其有生以來。天賦靈根性而亦汨之如此。然則電氣之說。當爲吾人之所宜共知也。不亦要哉。此愚雖淺學。所由欲以一知半解。貢獻于我伯叔昆弟之前也。

近世以來。吾國游西學者日多。學子諸士。能言電氣之梗概者比比皆是。則普通之說。愚似可以弗言。然以最少數人之知之而遂弗言。則所謂普通智識者。亦等於非普通耳。矧初基之理。既無以拓人之心於前。則新近之說。勢必昏人之腦於後。故先就淺近之說以引之。然後循序漸進。以及于最新之學說。庶亦觀者所默許者乎欲明電氣(Electricity)不可不先知磁氣(Magnetism)蓋磁氣者與電氣互爲關係。而復相似者也請先就磁氣學(Magnetics)而約略陳之。

磁氣(Magnet)與其極(Pole)磁石者酸化鐵鑛之一種通俗所謂磁鐵鑛(Magnetite)者是也其化合式爲(O_4Fe_3)蓋酸素四元子與鐵四元子相化合而成者也其物有引鐵之性置於鐵末中如粟穀然此蓋數見不鮮者矣然其引鐵也惟兩端之力爲最強是曰磁之極故今命磁針(Magnetic needle)(即吾俗所稱指南針)指南之端曰南極(South Pole)指北之端曰北極(North Pole)此論磁氣之最要點也又以天然磁石與鐵棒相摩亦可吸鐵亦具南北極之性是曰人工磁石。

南北極之名既判其性質亦異今取磁針二以南極與北極近則相引以北極與北極相近或以南極與南極相近則相戾故學者定磁氣之名謂北極曰正磁氣(Positive Magnetism)謂南極曰負磁氣(Negative Magnetism)以正負相引同極相戾之現象故故以一磁極爲標準以與他磁相比較可定其磁氣之強弱力有弱強。量有多寡也故磁氣量(Quantity of Magnetism)之說以起。

由斯以觀磁氣之作用。不止于本體而必及于周圍也明矣。其力之所及之地。學者稱曰磁場。(Magnetic field) 以其據有地位故也。然其力之所及近則強。遠則弱。故距離爲初次之二倍則其力當初次四分之一。三倍則九分之一。四倍則十六分之一。所謂與距離之自乘爲反比例者是也故以一正磁極。持向磁場之一部分。其作用之力。謂之曰磁場之強力。(Intensity of magnetic field) 又其力之方向謂之曰磁場之方向。(Direction) 作圖以表磁力之方向之曲線。曰指力線。(Line of force) 磁氣之所及既如此。故置鐵片于磁石之傍。可以使鐵片成磁鐵。且向磁石之南極者。具北極之性。而其他端則具南極性。是亦因同極相戾異極相附之理而成者其鐵之成磁也。學者稱爲磁氣感應。(Magnetic induction) 其鐵之具有磁氣也則謂之曰磁性體。(Magnetic substance) 又鐵之外。如蒼鉛與銅類。亦可以感應獨是接近磁石南極者生南極性。接近北極者生北極性。與鐵相異故鐵類曰常磁性體 (Paramagnetic substance) 蒼鉛銅類曰反磁性體。(Diamagnetic substance)

磁氣之性既以兩端爲最強。於是分子磁石說 (Molecular theory of magnet) 以起。

何謂分子磁石。今取一長磁石折爲二。而仍各具南北極之性。與元磁無異。又折而爲四。爲八。亦然。由是觀之。磁石各分子。可作一完全磁石觀。而磁氣之盛於兩極。亦可推知矣。此英人嫗迫而提(Gilbert)之說也。其後威迫而(Weber)修正其說。謂凡磁性體。無論其具有磁氣與否。其各分子皆可作小磁石觀。其不具磁氣者。非無磁氣也。以各分子之方位既蕪雜。故力互相滅而歸於平均。如以最强力之磁石近之。則分子磁石之方位正。而厥性著矣。最近十年前物理學者由因(Ewing)更爲簡明之說。謂分子磁石之相距離最近者。互相受其作用。近時學者。多本此說。如以上所云。磁氣作用之大概可以知矣。然磁針之必指南北者何也。茲欲證其理。先置一大磁石於下。上以絲繫磁針近之。若位置當磁石正中。則針必水平。而南極向其北極。北極向其南極。若漸移至磁石中之左或右。則針必斜向。若移至極端。則針必直立矣。由此以推。地球亦一大磁石也。故使磁針常指南北。雖然。地球磁氣(Terrestrial Magnetism)之播布甚雜。故磁針之所向。不必眞南眞北。而有小差。其所差之角度曰方位角。(Declination)又磁針與地球磁氣成水平面之角度曰伏角(Inclination, or Dip) 又使磁針常保其水平位置。左右轉而不能上下轉。以受地磁全力之作用者。謂之曰水平分子 (Horizontal in esuity) 明乎伏角方位角水平分力之三者。而地磁氣之作用見。於是旅地球者。羅盤針 Compass 之製以起。歐西人遠涉重洋。惟重賴此。而其進步也。又資於是。吾人方震驚其術之精而不知吾國二千年前。磁氣之用已發見端倪。乃周公指南之車。後人徒傳為美談。而不知極深研幾。又或以磁針指南。謂為南方多鐵。逞其臆說。殆亦于磁石與針之作用而一實驗之乎磁氣之大略如此。茲將就本題而陳電氣之說。

(未完)

農學之大要

漏屋

將欲雪國恥於歷史揚國威於全球誰不曰兵哉兵哉然兵者特國力之發皇而已國力不足鋒鋩折矣彼列強之互相侵凌。以及滅人國家。曾有幾戰爭乎。惟恃國力充實克肆其志耳夫求國力之充實。不外振興實業。實業者農工商是已。而商出於工工出於農。則農尤為急務也故二十世紀以來以商戰者轉而為工戰而各國農業之發達又將有轉爲農職之勢彼華盛頓曾勵其國民曰農者人民職業中最健全最有用而又最尊貴者也故美國之農遂日增月盛德國三十餘年稱雄宇內固由於兵力之厚亦基於實業之發達而農業實爲世界最日本戰後之經營專注意於農業彼之背與俄媾和媾和而背受不賠款不全反樺太島之辱者實迫於國力不足也故曰、二十世紀之天下。勇者無所施其力。智者無所逞其巧。惟是隱微之戰爭爲最烈而農者尤爲此戰爭之後勁蓋工商雖盛而農業不競利權終不免於外溢吾國者、純然農國也土產之富甲於全球占出口貨之强半近年以來漸形減少良以各國農業之發達前日之所無者今則有之前之不足者今則有餘故也兼之吾國數年來人文進化用度日奢而出產不加增遂至供不逮求物價騰貴銷路因之沮滯夫工商不振既瀕於窮蹙尙恃此農業以蘇民生濟國艱今又如此其何以堪嘗竊歎有志之士幾上談富國强兵曷若荷鋤持鍬耕一畝之田執一藝之業於國家必有所濟近知空談無補遂振袂而事實業然大率從事於工商於農則殊少夫工業發達而農業不振則製造之原料貴所造物將不免成本過重何能銷售於外國何能抵外貨之輸入乎若夫名利之徒大者思得一攫千金小者欲求半級之俸更何足與語斯道也至若吾秦者尤純以農爲生活者也沃野千里厥田上上更適於農業者也牧畜森林麥稻菽粟桑茶漆竹蔬菓無所不宜特以拘守舊慣不知。用學理以求進步改良遂至終歲勤勞所入不敷所出一遇水旱即轉於溝壑此惟。救死而恐不贍安問國家大事哉僕亦不學無術未如之何茲特依譯述以爲餽餉且急欲使人知學理之必要故從簡略後當加詳焉惟望知之即務求所以行之則國家幸甚

農業與農學　所謂農業者如種植麥、稻、茶、綿等於人日常有用之作物。產出食物飲料衣類等又如飼牛、馬、豕、羊、雞、鳥等有用動物。產出肉、卵、乳、及毛、絹等而計利之業也

研究關於農業種種之原理計其進步改良之學謂之農學然則農學者。一方研究農用植物農用動物之生育之理繁殖栽培飼養等事一方應用之於經濟的而計農家之利之學也。

即農學者。應用質地學物理學化學生物學等。而明土壤生成之由來。其理學上化學上之性質。或明土壤肥料農作物生成分以及動植物生成之理者也。此理不明則不知何土宜種何農作物。宜施何肥。何肥宜何農作物。何蟲於植物有害有益。害蟲及農用植物農用動物之病害。如何驅除。如何防豫。土壤農具如何改良。均茫然弗知。而農業不能進步發達矣。而諸學中殊化學於農業關係為大。應用其原理於農業者。謂農藝化學。占農學之重要部分者也。吾國近來學化學者。頗不乏人。而學製造藥品者寥寥。無藥品則化學終於空談。切望有志者。速從事於製造藥品。則於農業間接之關係。有莫大焉。

農作物 所謂農作物者。謂農家所栽培之植物。與通常植物少異其性質。此由以人力漸變其性質。如麥茶等。昔自生自死於原野。與通常雜草。其形其性質無異。人採取之。多年設法栽培。終成吾人重要之食物飲料者也。然則如何植物。若以適當之方法。盡力培養之。自變其性質。而為人所好之物。如柿、桃等之果實。蘿蔔、蕪菁、豆類等。有許多種類。皆由於人工而變其性狀。至生異種類者也。

如右農作物由人力變其性狀則伴世運之進步人智之發達益務求巧法就各農作物得良種類故從而於許多之農作物至得許多之種類此種類云品種使農作物之品種永保其固有之特性須充分注意保護如擇種子施肥料撰氣候土質丁寧栽培不但保存品種之良性質且爲益改良其品種也品種不講則不但不能得佳種而作種或有變爲惡種或歸於消失之虞遂至農作物多病害不暢茂不得土地所宜之種子等事而收穫量減少或全歸於無（昨年日本博覽會場內陳列各種種子以爲考究此可知品種之爲重也）

作物之種子於便宜上種種之點集其相似者爲一類而類別之如左

（一）禾穀類　此類如麥、粟、稻、玉蜀黍等皆屬禾本科其實供食用

（二）豆菽類　此類如豌豆白豆、蠶豆等皆屬荳科其實供食用

（三）蔬菜類　屬此類者如蕪菁、蘿蔔、芋等根又地下莖爲食用又如甘藍、萵苣等葉、莖供食用黃瓜、茄子、冬瓜等之果實爲食用

（四）芻草類　此類如苜蓿（胡枝子紫雲英等）供牛馬之食用者

（五）果樹類　此類。如林檎、桃、柿等之果實供食用者。

（六）工藝作物　此作物。如綿、菜子、藍、煙草等專爲製造工藝之原料者。

種子與其發芽

凡種子。其內部已存能生之植物今試取柿之種子。縱割而爲二。內部有灰色之物質其中央見有小而白之植物。名之爲胚胚備二子葉與胚軸。胚在冬時。恰呈如眠之狀態。至春若逢適宜之濕氣與溫度則發芽。所發之芽爲子葉。遂於子葉之間生新芽。新芽長而爲幹。又胚軸之先端延而生根。如斯種子發芽而生新芽伸根由於自胚乳取養分而胚之於胚乳。猶小兒之於乳有關係

甲　乙　丙
一　二　三　四

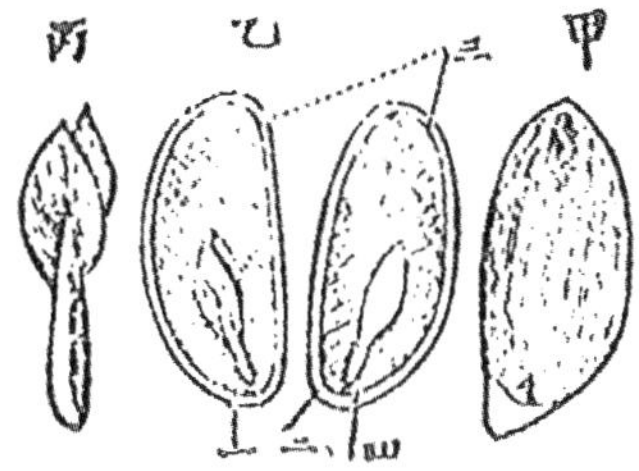

甲種子全躰　乙仝縱斷　丙胚之放大者　一胚　二胚之跡　三胚乳　四種皮

又取豌豆之種子而檢察與柿之種子。稍異其致其內雖無胚乳。然其子葉肉厚。中貯養料胚軸介於子葉之緣而存在。由其上端出新芽下端幼根次第延而生根毛。

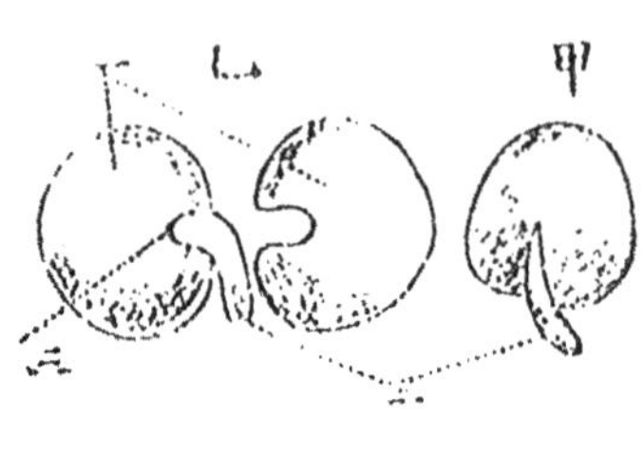

甲發芽之初期
乙甲之剖開者
一胚乳
二初根
三幼芽

健全之種子。無論何時。若給以空氣與適當之溫度及水分則發芽即於種子發芽之必要之件若爲酸素溫度及濕氣此三者缺一不可也故於種子與充分之溫度與濕氣若不觸空氣而得酸素則決不發芽溫度濕氣缺其一亦然

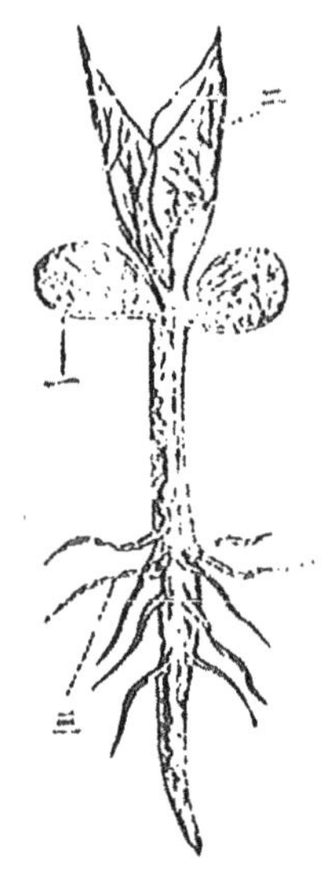

一子葉
二幼芽
三根

種子發芽酸素之必要者。酸素元來於起物質之變化爲必要含於種子中發芽之際可作養分澱粉其他之不溶解物由之變爲溶解性以養幼芽幼根者也。

稻等之在水中發芽。由溶解於水中之空氣之酸素者也故沸水。除其中之酸素後。入種子於其中。不能發芽。

溫度。於發芽上。爲有顯著之關係。數多豆穀類。在攝氏表四度半以下。不發芽。煙草、胡瓜等。由熱帶地方來者。凡在十五度以下。不發芽。適於發芽之溫度。由植物之種類、而有差異。大麥十八度。豌豆二十三度。玉蜀黍黃瓜三十三度發芽。

種子吸收濕氣。膨大而破其外皮。使之容易發芽。是濕氣於養分之運行上。不可缺者也。雖然不足固不可過量亦不宜如稻在水中雖能發芽而許多之種子。在水中決不充分發芽。

種子由空氣溫度濕氣之作用。於將發芽之際生酸酵素一種之炭白物質此物自不受變化。而能變多量之澱粉爲砂糖變蛋白質爲百弗頓（日本音）(peptone)而使成可溶解性以供幼芽幼根之養分大麥發芽之際生澱粉酸酵素此物變澱粉爲麥芽糖之力。大彼麥酒製造之際用麥芽者全利用此作用者也

今取麥芽碎爲細末加四五倍之水。數時間後濾之加其汁少許於糊。以沃度液撿査。初呈藍色。雖足證澱粉之存。然漸次其反應不分明終至全無藍色。此澱粉變爲砂糖之證也。此依麥芽中含有酸酵素之作用

凡良種子雖大概皆發牙。然永貯藏。則失發牙力。雖然。貯藏種子。而注意溫度及濕氣。其藏法得宜。則永不失發牙力

種子實爲作物之本源。左右作物之善惡。不可不捨惡取善。選之之法。云擇種法。一般小粒惡於大粒。輕粒惡於重粒。選之之法。不一。而至善且易者。爲鹽水選。即入種子於溶解食鹽之水中。用力攪拌。除浮取沈。因鹽水浮力最強。種子之成分稍有不足即浮出也此項另印凡種子多年種於一地方。川在其地所。取之種子遂減其收量故不可不時由他力取其種而改易之此種子交換之所以必要也

農作物之生育

蒔農作物之種子於土中。若得適當之溫度與水分。則發牙漸次生育至生幾百倍於種子之有機物此有機物雖含多量之炭素然以土壤不含此之故其炭素必不可不由空氣中來

空氣凡十石內、含四合乃至五合之炭酸瓦斯。在一定量之空氣中之炭酸瓦斯。雖如斯少量。然空氣以常流動而植物時接新空氣因此得吸收炭酸瓦斯是爲植物體炭素之本源。決非由土中攝取也

植物攝取炭酸瓦斯必於呈綠色之部分此作用主行之於葉炭酸瓦斯由葉之氣孔入於組織內存於葉之葉綠粒依日光之力分解之游離酸素取炭素經種種化學的變化先使此爲澱粉砂糖等有機物更與由根上昇來之無機物化合攝成蛋白質脂肪等有機物質以爲植物體各部之養分此云同化作用

此作用需日光之力故在夜間又暗室不能行又溫度濕氣與此作用有密接之關係故冬期氣候寒冷之時夏期乾燥之際不能行此作用而植物因之不生長彼綠豆豌豆菱豆等之不背地力者由葉肉肥厚綠粒多而此作用之力大也

植物體炭素之外由酸素、水素、窒素、硫黃、燐素、「Potassium」「Calcium」「Magnesium」（三者皆金屬元素）鐵等原素構成此等原素皆於植物之生長不可缺者也而此等原素皆成種種化合物始爲其用

凡根不能吸收固形體之養分必養分溶解於水中始能取之今取必要之養分以適當之計算溶於水中培養作物之二三許萌發者於其中與培養於土中同此云水耕培養由此法可定植物必要之養分水耕養培用之養液其計算如左

水　一〇〇〇、瓦米　消酸加里　一、瓦米　「一瓦米當中國二分六厘六毛」

硫酸石灰　〇、五瓦米　燐酸石灰　〇、五瓦米

硫酸「magnesinm」　〇、五瓦米　鹽化鐵　飽和液三滴

土中。普通含右之養分。故植物自然能生長。然多年栽培作物於同一地方。其必要之養分常生不足。就中窒素燐素加里三者比他之量爲少。故須補之。此施含此等物之人糞尿魚肥骨粉等肥料之所以也。

如前述。植物必養溶必於水中然後可吸收而不溶之物質必由根端排出酸類溶解之然後可吸收

根之吸收養分。近其先端之部分爲主此部有細微多之根毛爲作用此根毛成長之際。入於土壤之微細間隙。密着於小土塊。亦吸收其所含微量之養液故也。根毛於吸收養分爲甚必要可知根毛愈多利於吸收多量之養分此栽培作物之際不可損根毛之所以也

植物與動物同亦營呼吸作用由其體之表面常吸入空氣呼出炭酸瓦斯與水雖

然藻受日光時同化作用甚盛呼吸作用較微弱故晝間酸素之發生遙多於炭酸瓦斯。（未完）

泰西理科學者畧傳　續第壹號

少白

斯顏摩丹 Swammerdam

氏爲荷蘭之昆蟲學者。千六百三十七年生於安斯忒丹。初業醫。後專究昆蟲之生活狀態。多所闡明。昆蟲學之基礎。自氏而定。厥功甚偉。氏依解剖學及顯微鏡。行諸實驗。而其軟體動物解剖法尤爲適用至今宗之。又於脊椎動物及蛙卵發生模樣等研究甚精云。千六百八十年卒。

牛頓 Sir Issac Newton

氏英人。千六百四十二年。生於林哥倫州。少孤。母他嫁。依其祖母。年十二。入革蘭散學校。寄食於藥師某家。初氏怠於學。每試輒居後。一日以事與前列爭。不勝。乃大怒。發奮勉學。終獲首席。自是氏益勤。時製風車、漏馬車、紙鳶等諸器械。精巧若天授。年十五。歸家。襄家人治田。氏不嫻於農。且志學甚切。家人乃送之歸校。後入剛布里治大學。十九。見推爲給費生。千六百六十五年晉學士。始著微分學書。明年。得三稜柱。發見折光之異同。及色之真相。又盡瘁於反射望遠鏡之製。一日遊其園。偶覩一果。落於地。遂悟吸力之理。卒闡明之。至今稱頌。自是氏學益進。七十九年。與海金斯論分光。辯爭甚盛。九十四年。任造幣局官。次晉局長。千七百三年。見選爲皇家學會會長。爾來永保其職。以終其身。云。千七百五年。於剛布里治大學女皇安賜氏以乃托之爵。氏年至八十餘。衰病交侵。猶日往學會親聽務。千七百二十七年卒。時年八十五。著作大者。有算術全書。解析幾何學。光學講義等。氏生平爲人溫謙。壽至耆考。名滿天下。傲慢之念。未嘗須臾生。晚年追憶一生事業。其言曰。世界真理。余不知有幾。所見。然追憶一生。恰如小兒徜徉海濱。尋拾螺殼。真理浩瀚。可望而不可即也。氏之感慨如此。

胡克 Rodert Hook

氏英人。植物學家。千六百六十五年。切一種木之髓。爲薄片。鏡以顯微鏡。見其形如蜂巢。爲六角形。每室成一小胞。乃名以細胞。Cell 蓋始發見細胞者氏也。

華冷海托 Gabriel Daniell Fahlenheit

氏德人。以製科學器械。名於世。千六百八十六年。生於但地。後居和蘭時。創製一寒暑表。由是得名。蓋用水銀於寒暑表者。氏可謂其嚆矢。其零點。開取千七百九十七年冬。水銀下降之點云。千七百三十六年卒。

克流 Grew

氏十七世紀之植物學者。生地未詳。生平於植物組織。多所考究。植物生理學之基礎。氏所定也。又植物生殖器官之眞義。及單雙子葉植物種子之差異等。皆氏所闡明云。

弗蘭克令 Benjamin

氏爲美國著名政治家。兼以物理學名。千七百六年。生於美之波斯敦。家貧不能學。年十一。至費拉地非尼亞。爲活字工。後爲州知事克托所知。與以資。乃欲渡英輸販活字。二十五年。至倫敦。知事始允助力。至是不果。氏初至異鄉。無知人。乃復爲工。備遭艱苦。後歸費拉地非尼亞。開肆售文房具。兼營印刷業。繼立報館。刊發新聞。氏性謹愼。且富於才。遂漸見重於世。四十四年。與法國戰。氏獻防禦之策。州賴以安。氏名由是益著。五十五年。見推爲州之代表者。赴英國。有所爭議。六十二年。歸國。越二年。復被舉往英。殖民地之與英國開戰也。氏多所建樹。七十八年。赴法國。與法結攻守同盟。八十三年。歸國。被選爲上議院長。千七百九十年。歿於世。氏起身賤微。位躋卿相。少失教養。卒成學者。其科學之研究及其政治之事業。世人景仰之。至今不衰。聞其貧時以減餐購書籍。爲當業忙之際。每深夜不眠。用以勉學。其勤苦卓越如是。氏於千七百四十四年時。始實驗電氣學。電光爲空中電氣之作用一事。爲氏所發見。繼又有避雷針之創製。當時電學幼稚。氏之「電光與空中電氣之相似」一書。傳至英京時。皇家學會會員等。聞皆不信其說。笑其誕云。

布拉克 Joseph Black

氏。英人。以化學聞世。千七百二十八年。生於法之波爾托。氏爲發見炭酸瓦斯及潛熱者。千七百九十九年。歿於家。

達爾文　Erusmus Darwin

氏、英人。生理學者。又善詩。千七百三十一年。生於崖頓。弱冠。卒業則布里治大學。著述中最有名者。爲 "Zoonomic"。即 The laws of organic life。 吾國譯爲進化論。本書言動植物皆逐漸進化。始達今日完全之域。非原始之際即如是也。後世直其說。惟近日漸有駁之者云。氏又於動物色彩。知應化色之理。千八百二年卒。

卡品地虛　Henry Capendish

氏、英國奈斯人。生於千七百三十一年。家爲世族。三十後。遊剛布里治。居三年。專心於理化學。氏闡明硝酸酸素水素相合。必能生水。又證空氣中所含酸素及窒素必依定率混合之理等。厥功匪尠。惟氏信弗羅吉斯頓說。視水素及弗羅吉斯頓爲同物。與牛頓之信光素說相類。千八百六年。歿於倫敦。

普力斯扛來　Joseph Priestley

氏、英之教士。以化學名。生於千七百三十三年。祖業裁縫。七十四年。發見酸素。公於世。自是得名。氏以祖法國之革命黨。九十一年。爲暴徒所襲。焚其家書籍器械等。皆見黜。後移居美國。死於千八百四年。

苦倫 Charles Augustin Coulomb

氏法人。以實驗物理學及電學名。千七百三十六年。生於安哥來美。八十四年。任司泉官。革命亂後。退隱於家。著電學及機械學教科書。見稱於世。又發明振衡用之以測電氣磁氣之引力拒力。甚為正確。且物體表面上電氣分布之定則。亦因之以明云。千八百六年卒。

（未完）

文藝

秋日雜感 原八首錄四首　原稿多註今略之

陸生

秋雨闇林寂天涯有雁歸遠憐詩骨瘦且喜客蹤稀黃葉蕭蕭下流螢故故飛莫行山上路宿露正霑衣

滄海吾何適濤飛欲上天愁縈新日月淚洗舊山川已作南冠客猶云避地賢早知入世劫休厭火中蓮

之子近如何相思泣更歎豈惕埋碧慘只爲客星多地絕摩天險風迴返日戈沅湘流不竭君志未蹉跎

文章能壽世法雨被南州巨目空今古聾盲直馬牛衆生方窸窣風雨自飂飀芳草萋萋地無端莫上樓

哭友

陳生

驚傳柴市斯人去，況是天涯霜露時。埋骨絕憐劉氏土，招魂誰向屈原祠。百年夜雨思親淚，四海晨星破虜師。我亦於君爲後死，敢將身手惜男兒。

野哭荒涼百感生，中原遺恨舊難平。有鯤重欲求醫藥，多難何堪失弟兄。好借俠名留劇孟，敢憑劍術論荆卿。等閑伍相祠前月，偏照蕭湘夜夜明。

回鴈峯前雁不歸，瀏陽門外亂鴉飛。血汚野冢生新草，魂斷金閨識故衣。勝有孤兒傳虎略，可憐龍性付蠶蟬。書生結客成何濟，獨向天邊弔落暉。

眼底人才漸寂寥，頭顱都與換金貂。使君鬼傍要離冢，過客神傷國士橋。暮雨湘江流脈脈，秋風嶽麓木蕭蕭。素車白馬今何在，忍到錢塘作怒潮。

歲暮雜感　　夷　吾

一年容易又蹉跎。轉側乾坤漫放歌。身世本同蟬翼薄，情思纏似繭絲多。縱橫阡陌傷禾黍，落漠風塵嘆網羅。成敗自關千古事，中宵崛逖意如何。

流光駒隙太悠悠。彈指傷神十七秋。風雨幾人支大廈，干戈無地覓封侯。由來志士輕刀筆，未有書生負虎頭。望斷中原何處是。茫茫歧路使人愁。

禹迹沈沈飛刼灰。斯民塗炭墮洪災。横磨十萬劍何在。老去千年鶴不來。陣舞倭奴驚海水。天驕胡馬哭蒿萊。蕭條關塞憑誰問。極目寒雲獨舉杯。

漫說山河一綫延。忍看陸海棄腥羶。劉章舊有鋤非計。伍相新成絕越篇。曲突當年成幻影。窮途今日著先鞭。吾曹身手終長在。好共調琴更改絃。

炎炎妖火幻塵寰。蒼狗浮雲一瞬間。司馬有才謀魏社。臥龍無力出岐山。戍樓鼓角聲難起。鐵騎兵戈事等閑。寶劍有靈扶帝室。問予何日斬夷蠻。

故宮漠漠陰雲起。霰雪紛紛有所思。鼙鼓久驚來北地。江山無險御東夷。千年血淚歸秋草。百代興亡嘆斷碑。獨向荒原憑吊昔。可憐天意有誰知。

長年暖日照長安。霜雪俄飄壯歲寒。三百六旬同逝水。四千萬里鬪狂瀾。曾知世事隨波譎。敢畏前途行路難。何意少年甘蠖屈。高飛恨未著豐翰。

傳聞靈藥在扶桑。夢裏相從路短長。底事衣冠迎答帝。好憑骨相識眞王。漂零龍種尋常沸。刼化蟲悩沙熱忙。似說夜來星象異。紫薇垣畔動攙槍。

剝果詞話　　神州舊主撰

江湖歲晚，倦旅增悲，撫景哀歌，不復成調，嗚呼，蟲魚老我矣。昔人有言，不作無益之事，何以遣有涯之生。詞話之作，是耶非耶。銅琶鐵板，聞歌知大漢之聲；白雲碧山，展卷恐神州之淚。江南游子，江南是處銷魂；故國詞人，故國不堪回首。知我者其憐此志焉可耳。丁未臘月二十七日鐙下誌。

潭復堂獻，近代詞學大家也。予昔同篤生閱其集，至秦淮感秋桂枝香一闋，篤生激賞不已。予再三誦之，知其故國平居有世無英雄之思也。其詞如下：潺流自碧，便作就可憐，如許秋色，祇是煙籠水冷。後庭歌歇，簾波濟處留人景驀，西風數聲長笛。綠旗船舫，華鐙鼓吹，無復消息。念舊事沈吟省識，問曾照當年，惟有明月。拾翠汀洲，密意總成蕭瑟。秦淮萬古多情水，奈而今秋燕如客。望中何限，斜陽衰草，大江南北。

往滬尹以王佑遐先生所著半塘定稿二卷、賸稿一卷見賜。滬尹與半塘爲至交，自半塘亡後，滬尹費幾許心力，此刻始告成。尤殷殷以存賸稿，恐乖其旨趣，爲慮實所謂不負故人也。止庵論清真，謂其沈痛至極，仍能含蓄，若半塘者，其真不負斯語哉。集中有鷓鴣天數闋，皆詠戊戌時事，可謂詞史。他若念奴嬌登暘臺山絕頂望明陵。

云登臨縱目正川原繡錯如接襟袖指點十三陵樹影天壽低迷如阜一霎滄桑四山風雨王氣銷沈久濤生金粟老松疑作龍吼　惟有沙草微茫白狼終古滾滾邊牆走野老也知人世換尚說山靈呵守平楚蒼涼亂雲合沓欲酹無多酒出山回望夕陽猶戀高岫浪淘沙自題庚子秋詞後云華髮對山青客夢零星歲寒濡呴慰勞生斷盡愁腸誰會得哀雁聲聲　心事共疏檠歌斷誰聽墨痕和淚漬清冰留得悲歌殘影在分付旗亭南禪佑社徵題其明湖冊柳圖。自注按漁陽山人秋柳詩李兆元箋云弔亡明而作趙國以爲紀明藩故宮人事見靑草堂東詞戊示類生謂曾見徐家精華錄秋柳詩題下有送返白門南歸五字云出漁陽手稿是又一說也　醜奴兒慢云東風柳眼開閱興亡多少儘搖漾鵲華秋色暮暮朝朝擬託微波暗愁空遡白門潮縈回眠起亭荒北渚夢冷南朝　算只舊時闌干水面親見魂銷更誰訪尊前翠袖替外銀箏莫話滄桑撩人風絮又倡條長歌欲和玉關怨曲煙水迢迢

予初學詞問其途徑於瀛尹先生先生曰切忌從近代入手不特不可先學並忌不可多看看之則入之矣近代非無作者然總不出兩宋範圍曷不由源溯流乎當時默識其言自今而始信之。

近人推鹿潭為咸豐時倚聲杜老。稱其與成容若項蓮生為二百年中詞界三巨子。蓋意能尊體鹿潭者不僅自傷亂離耳讀水雲樓詞者自知之浪淘沙云雲氣壓虛闌青失遙山雨絲風片一番番上已明清都過了只是春寒　華發已無端何況華殘飛來胡蝶又成團明日朱樓人睡起莫卷簾看臺城路揚州寄高寄泉云兩年心事西窗雨闌干背鐙敲徧聲拼驚沙星塞大野馬足關河同賤羈愁數點門春去秋來幾多鴻雁忘卻華顛昔時顏色夢中見　青山鉛淚如洗斷箔明月裏涼夜吹怨古石欲墜悲風咽筑酒能哀歌難遣飛華亂卷萬樹垂楊故人青眼霧隱孤城夕陽山外遠

詞中三李。惟後主才華最豔。結局最苦。每讀其故國不堪回首明月中與最是倉皇辭廟日教坊猶奏別離歌垂淚對宮娥之句未嘗不為之神傷。嘆造物位置才人之失宜也偶翻謝牧如詞話。載有劉芑川作謀黃金縷一闋。直足為才人吐氣也。復錄如下重瞳又見江南李垓下悲歌變出柔腸裏懊惱小樓風又起天涯何處黃花水攙襟題遍澄心紙好个翰林可惜為天子流水落花春去矣斷腸猶說鴛鴦寺。

小說

冒險小說 萍雪緣

子羽

第一回 破岑寂客窗談冒險 爭閑氣野老論英雄

調寄鶯啼序

聲聲怕聞杜宇又風風雨雨芒鞋破是趁華年踏遍萬重雲水身世零丁無足數憐家國祗今何許算到頭天亦有情漫嫌遲暮 十載西風燕市雪憤還秦庭聲杜奈今日銅雀春深斂蛾輕鎖因閒細思量平生肝膽是何人脫驂道古葬塵寰高義柔情都歸兒女 波濤未歇楊柳更青有情成眷侶攜手處遠山妒黛碧桃羞暈地角天涯緩歌金縷聞雞相喚長戈共枕有時分翦西窗燭好移杯話昔年羈旅雙飛燕子顛顛闘盡人間幾多粉黛塵土山川依舊王粲重來登樓漫傷禾黍看取次春光黯淡點染園林遼鶴高翔

相逢無語長歎當哭書成餘淚星星青鏡照白髮怕深宵夢少年心苦還誰

傳語鄉關絲鬢紅顏有同意否

有一年、暮秋的時候。隴西羽衣客、吃罷了晚飯。憑几而坐。惟時、斗室生涼。書燈閃青。悶寂無聊。推開樓窗一望。但見暮氣蒼茫。秋容黯淡。惟聞寒蛩泣露。老樹吟風。異鄉景物。觸處動人。愁緒環生。遣除無計。他便出了旅館。向一个朋友處去散悶。到得那裡。但見他那朋友。正同幾个客坐在一處。高談闊論的說得好不開熱。他便也去坐在一處。聽他們說些甚麽。只見一個客道。俺說的是從前。我說的是現在。就古時說來。那些英雄俊傑。經履的境遇。千難萬險。成就的事業。震地轟天。那是更高一層的人了。豈可與但能冒險者相提並論。若就現在說時。但僅能具有一種冒險性質的人。我看百中竟無一二呢。從前我聽得外國人說。中國人無冒險性質的一句話。我十分憤氣不過。近來東西南北的跑了一跑。留心看來。只怕是竟有幾成教外國人說着了。那口裏說的明明白白。心裏却糊糊塗塗。毫無骨頭的人。是不消說了。還有一派自命不凡的人。鎮日價、又是甚麽尚武啊。冒險啊的說着。其實、也不必眞教他去冒甚麼險。只消一場險話。他心裏先就打个轉身。氣燄也就低了三寸。我看現在自命爲志士大國民的。只怕十有八九是這一派呢。所以凡辦一件事。起初也轟轟烈烈。一倡百和的。及少有傾仆。覺得前途凶險。便大家退縮推諉。不久就渙散了。這麼看來。可見無冒險性質。是萬萬不能成事的。辦事的人。要都能照方才說的那兩个小孩的氣概。有甚麼事做不到呢。又一个客接着說道。儞說的固然是。然也有偏處。儞說辦事必須有冒險性質。然則諸葛一生惟謹慎。既云謹慎。可知他必不肯去冒險。難道武侯也算無用的人嗎。況且勇敢的人。現在也還甚多。如何能一概抹煞呢。話未說完。他那朋友搶著說道。儞這話又說錯了。冒險並不是一味鹵莽。毫無顧慮的名詞。就同他說的那兩個孩子。當危險迫切的時候。難道他就一味勇敢。毫無打算的嗎。儞說武侯一生惟謹慎。我看他正吃了過於謹慎的虧了。假使他不必三思四思。聽了魏延的話。只怕用不着六出岐山。就成了事也未可知呢。至於古來成大功立大業的俊傑。固然是更高一層。然而要說他毫無冒險的精神。那却不能。如張博望、班定遠、等。自不待言。即如文天祥楊椒山這兩个人。提起來時。是無人不佩服的了。假使那時節。一箇見前途艱險。強爲必至殺身。便自喪氣灰心。眞个的黃冠歸隱。一个見逆燄冲天。明知犯必無幸。便自心生畏怯。從此噤若寒蟬。只怕到如今這兩个人的名字。還未必有人知道呢。這麼看來。這兩人難道不算得有冒險的精神嗎。我並不是說能冒險的人。就必能成事。然而成事者。必不能無冒險的精神。我却敢斷定的。倘說現在勇敢者甚多。不能一概抹煞。那是倘把冒險這兩个字。認錯了。冒險這種事。非離精細、剛毅、堅忍、六个字。俱占到纔行。並不是一味勇敢。只憑着不怕死三个字能做到的。譬如有一種人。但遇一事。無論怎麼危險。他一味勇往直前。毫無畏怯。到得要緊的時候。他便輕輕的以一死謝責。難道不算得勇敢嗎。然而究竟算不得甚麼。這種人對於他一身的事。也不用說了。若對於國事。也這樣起來。試問就添上百十个跳海的魯仲連。於事又有何補呢。眞能冒險的人。却不是這樣。他抱定宗旨。認準方針。膽大於身。却心細於髮。無論風波怎麼凶險。我緊定主意。振起精神。必要直登彼岸。決不爲風波所陷沒。眼看着荆榛滿地。我咬緊牙關。就拚着一身皮肉。也要替後人闢出一條蹊徑。縱使當前境遇。已經水盡山窮。我總要堅忍甚麼。信得過必更有一番花明柳暗。那纔算真能冒險了試問現在的一般青年。能做到這般地位的。究竟是誰呢。就祇論膽氣。能跟上方纔說的那兩个孩子的。千百中還不知有一二沒有哪。這兩個人。不但爲祖國增光。並可作青年模範了。那朋友說到這裏。還要說將下去。羽衣客着急道。你們到底說的是那一門子的話。我實在不懂。爲甚麼又發起這个議論來。你們說的那兩个小孩。是个誰。到底是怎麼件事啊。大家見他那着急的樣子。不由得一笑。他那朋友便把那兩个小孩的事。對他細說。羽衣客正聽得出神。忽然窗外一陣大雨。且時候已經不早。只得把話打斷。起身回去。過了幾日。羽衣客又出去散悶。偶見書攤上擺着一本爛書。隨手繙開一看。恰好正敘着他朋友對他說的那件事。他便買將回去。細看一遍。見書中那兩个人的所作所爲。雖算不得甚麼大事業。然一種英傑氣概。實可作少年榜樣。他吃飽了沒事幹。便從頭繙譯出來。與一般初解文字的小孩看看。或者於振怯起懦。不無小補。也未可知。這便是羽衣客譯這部書的意思了。說來說去。他書中到底是甚麼事呢。列位休忙。且待我從頭說來領教領教。話說美國俄海州。有個村莊。名叫作戲馬村。

村中有个村長。叫作亨利。有一天這村長不知道爲甚麽事。忽然高興。請起客來。客廳上村的、俏的、老的、少的、坐了無数。都是這村裏的人。只見肉肥酒美。又快暢急。一个个喫得好不高興。正在那肴饌紛陳杯盤狼籍的時候。又不知道是誰引頭惹得滿座上亂紛紛的議論起英雄來。只見有一个道。據我看來。古往今來的英雄。第一個就要数看拿破侖了。倆看他一介書生。投身行伍。便握了法蘭西的大權。幾年的光景。就獨霸歐洲。名震宇內。鐵騎所至。如摧枯拉朽一般。倆看他打英國的時候。敎多麽利害。把俄普奧三國大皇帝。嚇得屁滾尿流。連氣也喘不出來。各國的君主。但提起他來。便要頭痛。像那樣大事業。眞是誰也學不來。從古到今。也再沒有能跟上他的了。倆們想是不是罷。又一个道。倆說那兒話呢。要照倆的話。把拿破侖就算作古往今來有一無二的英雄的時候。但凡打敗仗的人。都要算作英雄纔行呢。我看拿破侖也不過跟苦羅巴托、阿力客西夫、一樣。不過是个敗將罷了。又有多麽利害呢。旁邊又一个道。是的是的。倆這話實在不錯。俗話說的好。辦事要有始有終。要是有始無終。他就再利害。也不値一箇錢。倆把咱們的華盛頓看看。論起事業來。也不見得跟不上拿破倫。却是有始有終。不像拿破崙那樣虎頭蛇尾的。再說那高尙的胸襟。拿破崙也萬萬跟他不上。倆看他血戰多年。功成名就的時候。大家要推他作皇帝。他却不幹。作了個揖給辭呈了。到了選舉大統領的時候。又舉了他。是萬萬不能辭的了。然而他還拿定主意。說不定年限。不幹。倆們想他那胸襟。彀多麽大。那纔是誰也學不來的呢。當下倆一句。我一句。先評古人。後論今人。東拉西扯的。說箇不了。倆說倆的理長。我說我的論正。爭的爭的動起氣來。一箇箇瞪着眼。紅着耳朶。飛着唾沫星子。放開喉嚨。大嚷大鬧。嘈雜得個不成樣子。這個當兒。本村裡有個積世老嫗。名叫奧脫那。是個有名的辣貨。衆人大鬧的時候。他在旁邊一張椅子上。袖着手冷笑。好容易收了。場不鬧了。大家都悶着氣。繃着臉。倆看我。我看倆。乾瞅着沒話說的時候。他立將起來。斜椅在椅背上。一支手拏支牙籤兒挑着牙。把眼瞟着大家。冷冷的說道。聽了倆們半天。又是甚麼拿破命長咧。晢維巴托短咧。倆只把那些死過的人。胡拉亂扯。好了壞了的。青筋暴的多麽高。嗓子喊的多麽乾。費上光陰。嘈嘈嚷嚷的值甚麼呢。有那麼的工夫。倒是把咱們近跟前的孩子們。評論評論。看誰將來能成個英雄。試試大家的眼力。不有趣嗎。我聽倆們剛說的那些現在的人。也不見得怎樣。倆們把茶利斯家的那孩子看看。現在纔十八九歲的人。膽子力量都比人強。心眼兒又多。小時候捉過獅子。殺過野豬。攆過狼。這該倆們知道的。不是我說謊啊。我看那孩子。再幾年的工夫。還不知怎麼利害呢。把倆們說的那希臘的黑拉鳩利。日本的加藤清正。算個甚麼呢。別處的小孩們。要再有能比他強的。倆們把我的頭割了去。我看倆們到是算了罷。連眼前的英雄都不認得。還說古道今的呢。老婆子正說得得意。猛聽得背後有人哈哈的大笑起來。他回頭一看那人却是本村一箇老頭子。名叫喬治的。這人素常最好合人抬槓。那怕是自己說過不久的話。要是誰照着他的說再說一遍。他就要駁回。譬如他心裡也明知月亮是圓的。要是這句話出在別人嘴裡。他便要昧着良心。楞紮他是扁的。這種人就是我們陝西人說的老檄漢了。當下那老嫗見他冷笑。心裡老大沒趣。瞪着眼問道。笑甚麼。笑我麼。老頭子見問。捋着鬍子。鼻孔裡哼了兩聲道。割頭。哼哼。說的到放心。我勸倆少說大話罷。洋牛那樣孩子算甚麼呢。到算箇屁。倆把咱們村裏福蘭克家的聲鴻看看。今年不過十五歲。還是箇女孩子呢。七歲的時候。他哥哥害了病。家裡又沒人。天又下着大雪。他竟自連夜爬過山去請醫生。儞們想。現在土蠻沿路殺人、吃人肉。大人提起來都心裡發毛。那孩子却毫不在意。儞看勇氣彀多麼大。天性彀多麼厚哪。光那還不算。為他哥子的仇。手殺翠狼。又跑到火車路上去救他養父。和他養父走印度的時候。和小獅子打過架。儞自照照。照那樣才算有膽氣。有才料呢。洋生給人家提鞋。還不知道人家要不要哪。就把儞說的那麼滿。儞還說人呢。我勸儞也算了罷。老婆聽說。氣的半晌沒話。停了一停。纔把手裡的牙籤一丟。臉一扯。嘴一撇。口裡嘖嘖了兩聲道。呢、呢、呢、老頭兒。儞依老賣老的。裝甚麼人呢。儞拿鏡子照照。再自己把鬍子看看。快抱孫子了。還這麼着瞎吹。我勸儞、大話雖然可以說。就只那臉也要緊啊。而且老頭子沒聽完。便霍的立起身來。雙脚亂跳。把手對着那老嫗一嚷。嚷道。老東西。說甚麼。儞小心着。我怎麼樣了。我、我、我、我也不過見儞不開眼。把那孩子誇獎的大利害些。纔對儞說這話。儞、儞、儞、去把雪鴻看看。再來同我強。老嫗也把眼一瞪。搶着道。怎嗎。打人嗎。要打打重些。老頭氣急了。脫下一支鞋。就要打。老婆子見了。順手抓了箇飯椀、隔座飛將過來。滿座上的一齊忙着勸解。無奈大家都醉了。東歪西倒的。桌子也擠倒了。杯盞摔了一地。洋燈也翻了。鬧的滿地是火、登時天翻地覆的鬧將起來、正是

天下本無事　庸人自擾之

這場大鬧。究竟如何了結。在下也學說小說上陳套子說一箇。且聽下回分解。

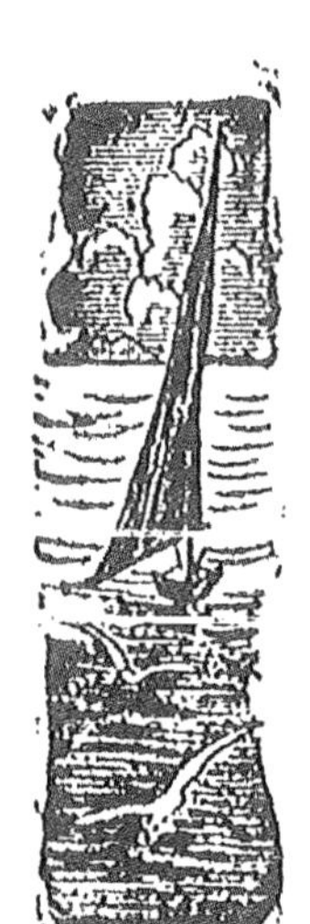

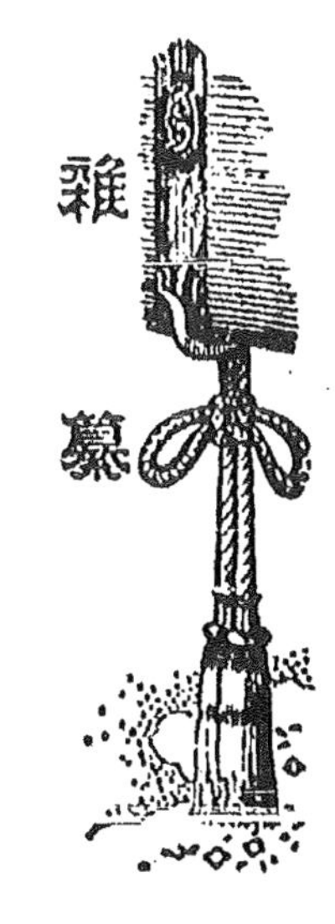

日本軍制攷　續第一號

懷　椎

第三章　國軍所應具有之素質

國軍應具有之素質。即國家本有之原質也。現今東西各國。國體不同。國民之精神習慣亦不同。即國軍亦因之而異。如英尚商業美尚工業中國尚文。日本尚武。此因國民精神習慣之所尚。則國軍之素質。隨之不同。又如日本爲立憲國體。美爲共和國體。中國爲專制國體。國家之政體不同。國軍之素質。亦因之而異。總之國軍一般之素質。不外左記之數種。

(一)　常備兵

常備兵者。即現役兵也。其兵役之階級分三等。上士下士兵卒是。此現役兵。常在軍中。無事則日日操練。有事則蹈從征。此即常備役之謂也。

（二）在鄉兵

在鄉兵者。先受教育。因年滿而歸鄉者也。此等兵。每年猶須招集一次。練習平時之操法。以備國家之急需。若常備兵缺額。即以在鄉兵補充之。此即預備役之謂也。

（三）徵兵法及馬政法

世界文明各國通用徵兵之制度。徵兵制度。即檢查民間人口。而徵爲兵役。有五丁抽一者。有三丁抽一者。各國不同。意蓋欲使全國人民皆知負兵役之義務。以壯國民之精神也。至於馬政法。尤爲軍中之一要件。使非有馬政法。馴練馬匹。則戰時多不適用。其戰亦可虞。日俄戰爭之時。日本平日不甚講求馬政。至戰時收效甚遲。可爲殷鑒。近今創設馬政局。開競馬會。以角勝負。蓋亦改良馬政之意也。

（四）教育制度

國軍之教育所以製造軍人以養成完全之資格也既欲養成完全軍人之資格必有完全教育之制度迨至教育普及愛國之心油然而生則臨戰自不惜犧牲一身爲國家爭雄於瞬息此教育制度爲軍事最當注意者

（五）服從法並賞罰法

軍紀以嚴整爲尚而軍人尤以服從爲要軍人服從則軍紀自能嚴整自然之理也雖然服從者以下級對上級而言下級對上級有服從之義務而上級對下級亦必有公道之賞罰而後始可得軍人之心此服從與賞罰相並而行者

（六）武裝之整備及衣食住之供給

軍人之精神存於武裝武裝屬於表面者表面整備則軍容整齊而軍人之精神因是而起又如衣食住三者亦爲軍中之要件而供給之時不可缺乏俾軍人隨時應用無顧此失彼之虞

（七）兵器製造所

軍械之製造有本國不能者可購於他國然在平時則可至於戰時恐有購之

不及者。是必在本國設立兵器製造所。預造銃礮子彈等物。方足以充戰時之用。

（八）要塞

要塞者何。即海岸線上之最險要地也。（島國則以海岸線爲要塞。大陸國則當以鄰國接壤之界線爲要塞。茲僅舉海岸線者。就日本形勢而論也）此等地方。必建設礮台。以防敵人。此之謂要塞。夫要塞國家必經營於平時而後可。如兩國交戰時。我無要塞。則人攻我易。人有要塞。則我攻人難。不獨不便於進攻。亦且不便於退守。危險之事。無過於此。故要塞者。國家重大之關係也。

（九）軍港

軍港者。爲國家兵艦駐足之地。其中有船塢工場。以備兩國對敵。軍艦傷損。隨時可以停泊補修。如日俄戰爭。日本賴有長崎之軍港。船艦可隨時修理。俄則無之。故戰艦一壞。不可收拾。此亦戰敗之一原因也。

（十）交通機關

交通機關者何即鐵道電線電信輪船等是也此等機關所以靈通消息者若有一不備則交通必不敏捷昔時普法戰爭普以鐵道四達轉運迅速法以鐵道線短少遇事遲緩是以普終勝而法終敗故交通機關之有無亦軍務勝負之結果也

按國軍之素質不備此十則而中國並此十則中亦多缺點徵兵之法尙未遍及全國教育之術僅能涉獵普通雖有要塞而外人如入無人之境其邊防不修也可知竟無軍港而兵部空存水師之名其海防無備也可知兵器製造僅見諸湖北而其他各省無聞也交通機關惟便於東南而西北大陸缺如也方今列强協以謀我舉國荆棘已形之患發現東南固宜設法抵禦未形之禍隱伏西北尤宜先事預防安有人具大法眼默察將來統籌全局鑒人之所長反己之所短以組織一活動國體完全國軍以與列强相頡頏而洗我老大病國之恥愛國君子曷留意焉

第四章　國軍之强弱與國民教育之關係

戰爭者人民最驚心動魄之一事也兩軍對壘之日忍饑餓冒風霜種種苦況備嘗之矣兼以鎗林彈雨鬼哭神號生死存亡在所不卜使軍士無愛國之精神則必懼而思退夫誰願爲國家効力暴骨疆場乎故軍士非發其愛國之心不足以臨敵然其愛國心當由何而生非平日之教育善良不爲功苟有國民之教育以養成完全軍國民之資格則當臨陣之際愛國之心自然勃發斷不欲苟全身命而誤軍國大計也由此以觀國軍之强弱與國民教育之關係顧不鉅乎

按小勝大少勝多之戰爭。普法而後。則日露之役是也。普既勝法。普之元帥毋奴多克氏曰。今日之功非軍士之力實小學教育之力也中國甲午之役。日已佔領遼東半島。俄國藉口保全東亞和平。迫令日本退還中國。此特日以國勢不敵。只得奉還。然從此忍氣吞聲。懷恨俄人。遂將遼東半島繪一地圖置於小學中以作教課使小學生徒於國家恥辱深印腦筋及至日俄開戰則一般生徒俱充軍士故當時皆能奮不顧身以收戰勝之效觀此則益知國民教育之關係於國家誠大矣焉得吾國當道諸公亦繪遼陽臺灣輿圖並開放各埠之

歷史編爲教課形諸詩歌作越王膽印吾民腦以恢復於將來耶

第二編　日本現行陸軍編制

第一章　平時之編制大別爲四

(甲)軍隊。如師團。旅團。聯隊。大隊。中隊。小隊以及馬醫隊。軍樂隊等皆謂之軍隊。

(乙)官衙。關於陸軍管理一切事務之所。皆曰官衙。

(丙)學校。關於陸軍軍事教育之所。其學校之名稱及科目見後。

(丁)特務機關。即天皇。及皇族等。隨從之武官。曰特務機關。

(甲)軍隊之名稱。

(一)師團。日本編制。以二旅團爲一師團。平時人數二萬五千。戰時加倍。

(二)要塞砲兵。專防守海岸邊疆險要之砲兵。名曰要塞砲兵。

(三)鐵道隊。戰時轉運糧草及軍裝器械等件。所用之兵是。

(四)憲兵隊。憲兵爲取締軍人者。以陸軍中品行端方。志操確實者。充之。

(乙)官衙之名稱。

(一)陸軍省。　(二)砲兵工廠。　(三)參謀本部。　(四)教育總監部。

(五)衛戍病院。　(六)聯隊區司令部。　(七)衛戍監獄。

以上各軍隊之編制。及各官衙之組織。詳言於後。

(丙)學校之名稱。

(一)陸軍大學校。　關於教育各兵科之士官。及高等用兵學術之所。

(二)陸軍砲兵學校。　關於教育砲工兵之士官。及砲工兵專門學科之所。

(三)陸軍戶山學校。　關於訓練步兵之將校射擊。及各兵科之士官、下士、體操。並鼓手長及喇叭長。樂譜之所。

(四)騎兵實施學校。　關於騎兵戰術馬術。及下士戰術馬術之所。

(五)野戰砲兵實施學校。　關於野戰砲兵將校之射擊術。及馬術之所。

(六)陸軍經理學校。　關於主計高等教育學術。並生徒養成之所。

(七)陸軍軍醫學校。　關於練習軍醫特科之學術。及生徒養成之所。

(八)陸軍士官學校。　關於教育士官候補生戰術、戰略、之學術。爲初級士官教育之所。

（九）陸軍中央幼年學校。　關於普通學之教育。兼為軍人之豫備教育。其中分本科豫科。豫科三年卒業。本科二年卒業。

（十）陸軍地方幼年學校。　關於普通學科教授。並培養軍人精神。三年卒業。入士官學校。

（丁）特務機關之名稱。

（一）陸軍侍從武官。　此等官關於軍事之上奏奉答。及傳宣命令。有時為軍事上視察之差遣。其天皇檢閱、演習祭禮、宴會、謁見等。皆宜陪侍隨從。

（二）陸軍東宮武官。　皇太子行軍之時。及皇太子觀兵、演習祭禮典儀、宴會、謁見、及他之軍務等事。皆有陪侍隨從之義務。

（三）陸軍皇族武官。　皇族行軍之時。及皇族觀兵、演習祭儀禮典、宴會、謁見、及他之軍務等。皆有隨從之義務。

（四）外國駐在員駐外國公使之附屬武官。　關於偵探外國情形等事。亦如前之任務。

第二章　師團及旅團之編制

(一)師團編制種之類如左

師團司令部　(司令部長　參謀部　內官部　法官部　經理部　軍醫部　獸醫部)

步兵二旅團　(四聯隊)

騎兵一聯隊　(三中隊)

野戰砲兵一聯隊　(二大隊)

工兵一大隊　(三中隊)

輜重兵一大隊　(二中隊)

編制之法。師團司令部置司令部長。參謀。副官。法官。經理。軍醫獸醫各部。步兵每旅團、置二聯隊。騎兵一聯隊、置三中隊。野戰砲兵一聯隊、置二大隊。工兵一大隊、置三中隊。輜重兵一大隊、置二中隊。此平時編制之必要由是而成一師團。也。按中東之役。日軍驟由六師團。而增至十二師團。明治三十七年。則有十三師團。三十八年。日俄戰罷。則增至十六師團矣。

(二)旅團編制之種類如左

步兵旅團司令部　(二聯隊)

步兵聯隊本部　(三大隊)(一大隊四中隊)

騎兵聯隊　(三中隊或五中隊)

砲兵聯隊　(二大隊)(一大隊三中隊)

工兵大隊　(三中隊)

輜重兵大隊　(二中隊)

按旅團之制。惟德意志用三聯隊組織而成。如法。俄。與日本。則均用二聯隊。步兵聯隊本部。置三大隊。一大隊置四中隊。騎兵聯隊。通常置三中隊。或有置五中隊者。惟視其地勢如何。若平原多。則利用五中隊。若山地多。則利用三中隊。以騎兵用於平原則利。用於山地則失其効力。所當因地制宜也。砲兵聯隊。置

二大隊。一大隊置三中隊。工兵大隊。置三中隊。輜重兵大隊。置二中隊。此平時編制之必要。由是而成一旅團也

第三章　各兵科及各部之性能

性能云者。指性質與能力而言。各兵既分爲科。自各有其性質與其能力。試析言之。

（甲）各兵科之性能。

各兵科：憲兵科、步兵科、騎兵科、砲兵科、工兵科、輜重兵科

（一）憲兵

憲兵者。取締軍人及其他之人之犯罪。以維持軍中風紀者也。在各兵科中具一種特立之性質。故不統屬於師團。日本現有憲兵十五隊。其編制之法。另有專門待攷。茲就其性能略言之。

按憲兵於各兵中占最高之位置如同一大尉憲兵大尉則居各兵大尉之上故無論何兵見憲兵必先舉手為禮且其作用與警察同凡屬軍人及其他之人之犯罪憲兵均得行其取締之手續譬如有兩卒相鬭憲兵得以直接干涉之並以相鬭事由報彼隊長加以懲罰又如軍人出外或衣冠不整致失軍人體面或縱酒醉狂致喪軍人資格憲兵亦必將其人報知彼隊長施以懲罰而警其後此於平日為維持風紀起見故嚴於取締也若當戰爭之時成軍以出憲兵則殿其後以監督沿途擄掠人民物產等事遇有此等不法行為憲兵得以禁止懲罰之當日露之役露軍亂無軍紀隨在皆有擄奪人民牲畜等事此皆由無憲兵督責之故日軍所過之處各守軍紀鷄犬不驚卒之日勝而露敗未始非憲兵之影響其後有兵卒斫伐民間小樹一株為憲兵所覺察即重加懲罰此於戰時為維持軍紀起見故嚴於取締也亦憲兵之性能宜然也

(二)步兵

步兵者乃用小銃無分晝夜苟為人行之所無論如何之場合皆可為戰鬭者也在

諸兵之中其人員最多故爲一軍之主兵。

按步兵較騎兵砲兵爲便利無分晝夜不畏險阻苟有隙可乘皆可利用其力爲戰鬭至於騎兵砲兵則反是騎兵出戰全恃馬力雖其衝力速力較步兵爲優而馬之視力至夜僅能及六尺利於晝不利於夜未若步兵之宜晝宜夜砲兵駕礮其體量笨重全賴馬力以駛行利於平原不利於峯巒若山之斜度僅三分之一尚可強進遇崎嶇之險則全失効力而步兵則履險如夷當日本攻旅順時有太子山之險其時騎砲兩兵皆無所用其勇惟步兵冒險前進卒挫敵鋒此可見步兵之性能也

(三)騎兵

騎兵者利用馬之速力偵探敵人之所在又以刀騎銃而爲戰鬭者也列圖如左。

如左圖自西至東爲河自南至北爲路西有高山山下有水田東有森林林之河左有一村南北兩頭各一村相對峙敵軍據河北我軍據河南中爲戰地我軍駐所如中隊步兵駐道中左隊步兵駐道左右隊騎兵駐道右後隊所紮爲

騎兵作用形勢圖

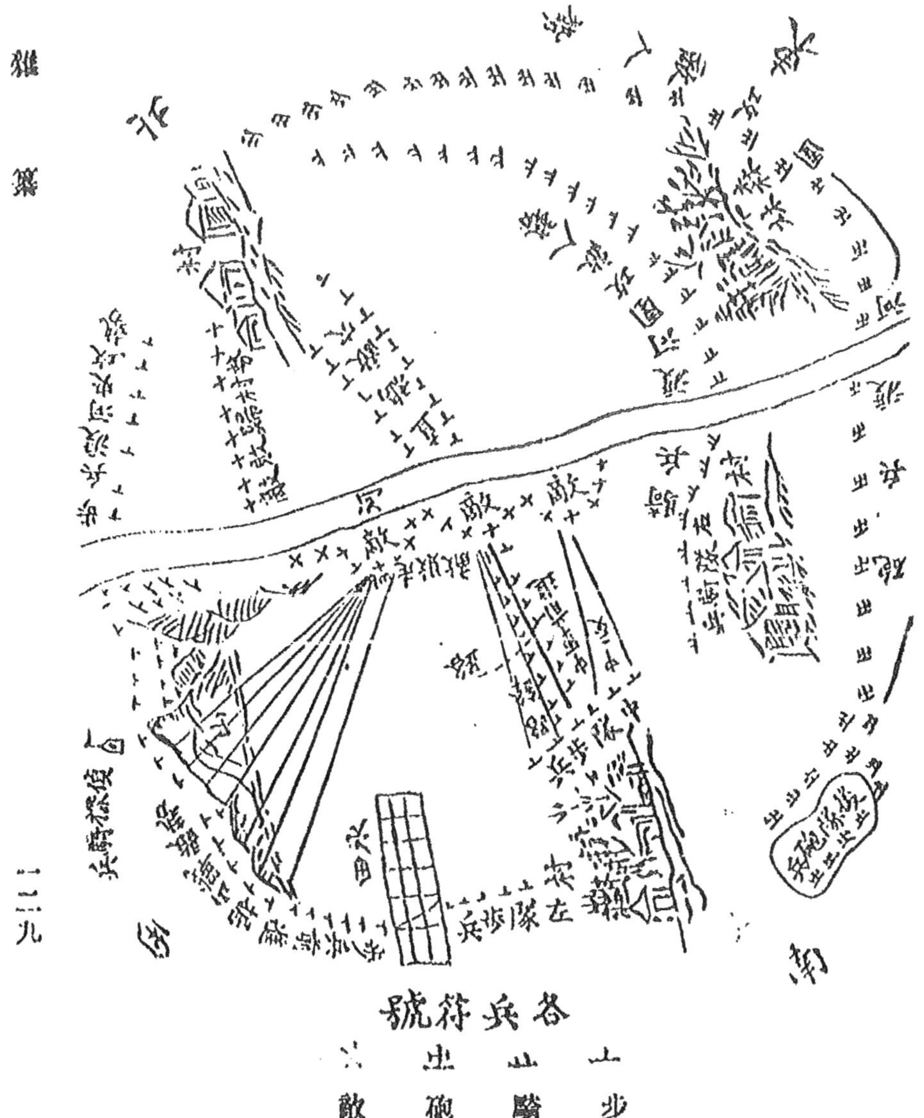

各兵符號

步兵 騎兵 砲兵 敵兵

砲兵似此布置雖善而敵軍之多寡及往來之道路與夫河之深淺山之險易水田之廣狹森林之疎密村落之大小又非在所宜偵乎於是遣騎兵利用馬之速力先登山以望遠鏡窺測地勢再逼近敵營偵探敵軍之虛實還而報之軍中而後出兵宜戰敵或先我渡河則我驅中隊步兵交鋒於路中我軍勝敵必走河上我則驅左隊步兵前進據山以對敵右隊騎兵亦前進渡河而為犄角之勢以攻敵敵既敗必反道北村此時砲兵亦疾馳渡河抄出森林合騎兵圍攻敵之左哨據山之左隊步兵亦渡河而圍攻敵之右哨以成兩下夾攻之勢此時中軍步兵乘勢前進直搗其巢穴當獲全勝雖曰運籌帷幄決勝千里主將之功而入險探敵捷報虛實非騎兵之力不及此此騎兵之性能也。

(四)砲兵　砲兵有二

(一)野戰砲兵

野戰砲兵者乃使山砲及野砲而為戰鬥者也以射擊遠距離為其特長圖如左。

如右圖野戰砲兵及兩隊步兵與敵對壘駐紮我騎兵則埋伏於小林之後先

雜纂

野戰砲兵作用形勢圖

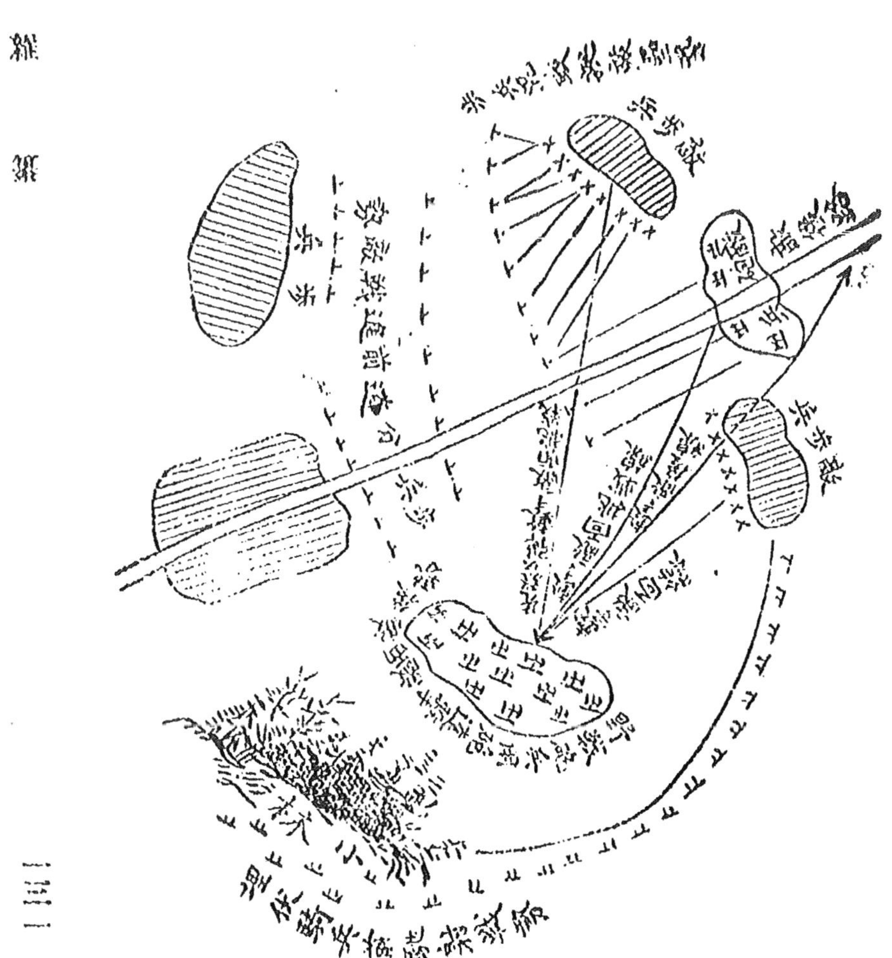

令野戰砲兵向敵軍之三面發彈以挑戰至敵軍出壘兩隊步兵直分道前進以迎敵愈戰愈近直逼敵前與敵混戰當是時砲兵則轉向敵人後路彈擊一以截斷敵軍之後援一以免誤傷我前進步兵雖敵砲彈來無庸用砲兵以對壘迨敵勢就衰我步兵佔有敵壘則小林後埋伏之騎兵亦迅馳前往而助戰未有不勝者

至若山礮野礮所需馬數則又因國而異日本一山礮則需一馬一野礮則需六馬若露國一野礮則需八馬山礮同且山礮之用較野礮便利無論何山皆可利用而野礮之及遠力又較山礮爲優此各有性能也

(二)要塞砲兵

要塞砲兵者乃於海岸陸地之要塞使用重礮及小銃而爲戰鬭者也試列圖以明之。

如有圖要塞砲兵藏伏山後所用重礮及小銃其彈力可達山前要之要塞砲兵用以當衝要而防敵人者凡關要害之地皆可用之不獨一山爲然也例如

要塞砲兵作用形勢圖

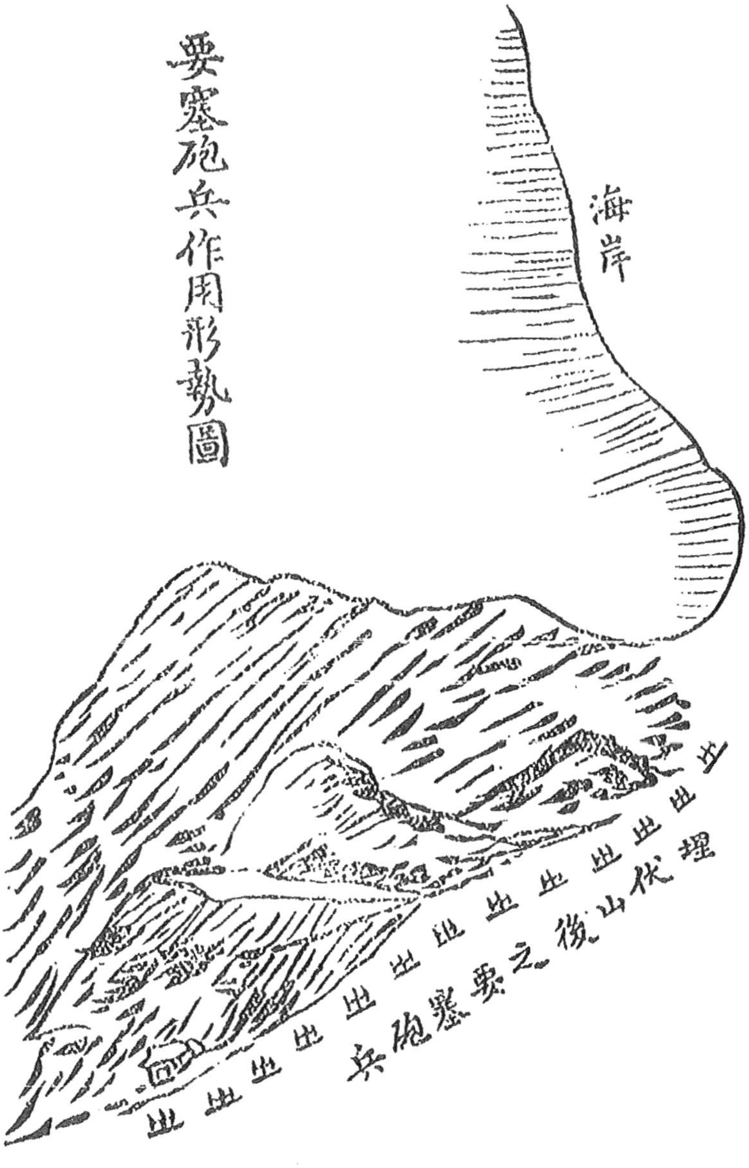

海岸

埋伏山後之要塞砲兵

歐洲、直布羅陀。君士旦丁。亞洲、旅順。吳淞。多寶山等隘口是也。守險要而不提彊禦此要塞砲兵之性能也

(五)工兵

工兵者。築堡壘架軍橋開道路任修繕破壞之責時或與步兵相同以小銃為戰鬪者也

兩軍相對之時。不能無數設構造等工作以相防衛故工兵甚為重要如埋地雷安鐵網置鹿角材以暗擊敵人無線電之設施及使用又其他遇必渡之水則架橋梁遇必越之山則修道路等類此技術上之作業可增加其作戰力固為軍事上認為必要者也若有時軍事上認為有妨礙者又必廢之工兵者既服修繕之功能又負破壞之責任修繕利於已破壞損於人行軍之道固如是也至於用小銃為戰鬪時此又當步兵單弱不能抵抗敵軍藉以補助者也

(六)輜重兵

輜重兵者。搬運彈藥糧食。及其他之軍用品者也。

輜重兵。爲行軍中不可缺之兵。其性能。在敏捷輸運以濟軍需。否則有致全軍立敗之患。在行軍常例。惟輜重兵殿後。但兩軍對敵之時。必隨軍前進。以供各兵彈藥不時之需。此爲間接之戰鬭。亦行軍所恃以斃敵人者也。

(乙)各部之性能。

各部：經理部、衛生部、獸醫部、軍樂部

(一)經理部。掌會計事務。凡軍隊取扱給養上之事物。皆歸其管理。

(二)衛生部。掌衛生事務。在保全軍人康健。療治軍人之病者。或傷者。如軍醫是。

(三)獸醫部。司馬匹之衛生。任防禦各種病症傳染。及療治馬病者也。

(四)軍樂部。專奏軍樂。以整齊軍隊之秩序。感發軍人之精神者也。

(五)部外職員。不在各部中。惟供職於陸軍者也。約分三種。

(甲)軍屬。　謂奉職於陸軍文官如行讀法式之小使。及士官學校或陸軍幼年學校教官之類。（教各國語言及充參謀部之繙譯、繙譯各國軍事書報者）是身居軍中。而不服軍服此軍屬之謂也。

(乙)理事。　謂於軍法會議。取調罪犯者是。

(丙)錄事。　謂軍法會議之書記是。

日人蒙古最近之調查（續第一號）

愁夫

◎蒙古之產物

蒙古人之從事業務者。為牧畜而已無待論矣故物產之大宗皆畜類也其他物產之堪稱者甚少稻禾產於東部遼河沿岸之地。但其額亦極少。是外所產者。大麥小麥粟粳米蜀黍豆高粱蕎麥胡麻等是也。白麵油麥粟粳米等由多倫諾爾地方輸出。蔬菜類則白菜馬苓薯蘑菇瓜茄子葱韮蒜等。而蘑菇為蒙古著名之物產。悉輸出於支那本部。是物也。支那人頗珍重之。東北蒙古所產者。靛藍及罌粟而已。菓物類則桃杏歐李棗栗白葡萄等是也。然大都不適口。樹木則松柏樺棕柳等是也。花卉如金蓮花芍藥野薔薇翠雀山丹千佛頭鳳仙蜀葵菊等甚多。而堪悅人目者亦甚少。惟千佛頭花者含蕊四五十。攢集一蒂。有紫紅色者。有淡紅色者。滿開時。皆爲白色。頗美麗。人最好之。獸類如虎豹熊猪狐兎狸獺鼠栗鼠鼬鼠野馬野驢等。此外最多者。麞鹿羚羊山羊是也。鼬鼠較普通之鼠毛短。常棲息於穴中。兎則原野多見之。土人獵之。凍其肉而輸送於北京。爲蒙古輸出品之第一可貴者也。野蠻人有一種特長之技。無論何處皆同。射獵是也。蒙古人最工於獵。其獵時。常於嚴寒之節。冰上射殺之。又家畜占蒙古物產之大部。其中牛羊馬駱駝最多。騾馬驢豚等次之。土人從事牧畜者頗盛。多則數十頭。少亦家畜數頭。羊毛及駱駝毛。其產額亦多。爲海外之輸出品。極膾炙人口者。此等悉輸送於直隸省豐寧縣之張家口。然其物爲未開化之蒙古人所作。故潔制者殊甚少也。是外獸皮如豹狐猞猁猻貂鼠銀鼠灰鼠等。種種美物。又其副產。如黃油乾酪等。其額亦不少。就礦物論之。其詳細雖不能悉。然以各地之礦山觀之。蒙古全土。無論何地。均有礦脈。此即礦物之事實也。目下支那政府。除鐵而外。其他礦產。均不許採。金、銀、銅、鐵。由興安嶺、及亞爾泰山、出者、甚多。沙金由古蘇庫爾湖之谷間產出。鐵由麥琛山產出。又石炭由內蒙古產出者。其質頗粗。然由阿拉善山脈產出者。其質則甚佳。土默特產魚面石。楚庫嗽嫩等河畔。隨處皆有鑛泉滾滾噴出。然此等類皆經試驗而著有成效者也

◎戈壁之大沙漠

蒙古人今尚多有逐水草而居者依然未脫往古野蠻之風故其人民之智識不進除牧畜外其他事業均者罔知故製造物品甚固絕無即號稱成於土人之手之製造品原不過於天然物上稍加以人工而已其餘大都成於移住之支那人純粹成於蒙人之製造品則多倫諾爾地方以銅或鐵所造最粗之佛像與織物是也織物有絹布與毛氈兩種。絹布爲土默特地方所織之物。毛氈用羊毛或駱駝毛所製者。由各地產出而察哈爾所出者。最有價值。又婦女所作之業。爲黃油及酥酪之製造是也。產額亦甚夥。且爲貿易品中之最有名者。蒙人之製造品。舉其最要之二三觀之。如斯而已。

◎蒙古之貿易

俄國與蒙古陸路貿易。其初不過邊境商民。隨意互市而已。至雍正五年。北京政府始派大臣。勘定疆界。擇恰克圖爲互市場。是即俄蒙正式通商之嚆矢也。嗣後俄蒙邊境之貿易。皆集於此。貨物堆積如山。不期年而成一都會。實爲俄蒙貿易之中樞。其地貿易之狀態。大都以物與物相交換。金銀磚茶黃油綢緞等。最古多數。而磚茶一項。尤稱大宗。天津條約締結後海路通商之途開此地貿易漸形衰退矣日俄戰爭後。形勢又一變往時面目頗有復興之慨恰克圖輸入品。以獸皮爲重要之品。織物毛布呢刺金屬製品及他諸物甚夥。大都非蒙人所需者。多轉輸於支那本部。此地貿易終年不斷。每年二月起約三週間爲最繁劇之時然有時此等貿易之盛況有延長至四月之久者

蒙古與支那本部之貿易場。庫倫張家口多倫諾爾赤峯是也。然惟張家口最稱繁盛。其地人口已逾五六萬之多。則其貿易之盛可以知矣。由支那本部輸入於此地之重要物。爲磚茶一宗。其他烟草雜貨等。亦不減於此。支那人以此地爲茶業貿易

之中心點。由此定其販賣之路。而轉運於恰克圖庫倫及蒙古其他之內地。蒙人大抵來此處。事運送而營生計者甚多。其運送之期。爲早春與秋冬之間。用駱駝載之。由張家口至恰克圖。重約十三貫之箱。每箱輸送料計三兩之多。每駱駝可載四箱。一御者操縱四五十頭之駱駝而有餘。其輸送力實不可謂其少也。此地畜類爲貿易之大宗。自不待言。其他黃油酥酪等。由蒙古內地運出。交易者甚盛。故每逢貿易之季節。其市場之繁盛。殆難名狀。又赤峯及多倫諾爾交易之物。幾全爲畜類。秋冬之交。其市場之繁盛遂於極點。與張家口亦不甚殊。喧擾雜沓。有不可以言喻者。由此觀之。蒙古人必藉畜產以爲生活之計。故畜類貿易之盛亦必至之事也。其輸出額。每年達於數百萬頭之多。

◎俄國之懷柔策

俄國對蒙古之政策。自日俄戰爭後。生一大變動。從來俄國對於蒙古。以威壓政策爲主。常以武力派遣探險隊於各地。不顧是非專以壓制蒙人爲惟一之目的。然以用此政策而受幾多困難之境。於是俄國之威權不但不能伸張。且害蒙人之感情而釀成不利益之事甚多俄人有鑒於此現已大反疇昔威壓之政策即以北京政府治蒙之策施之蒙人而行所謂喇嘛教之政策是也其政策變更後俄國以爲欲枯木光斷根故於庫倫之大喇嘛極力懷柔之而贈以種種珍貴之物品與金幣等當余滯留庫倫時現任駐清俄之俄使卜哥地洛氏赴任之時特意橫斷蒙古而以銀二萬圓贈諸大喇嘛沿途各王皆贈以二千圓且又以鐘表及望遠鏡等蒙人所最以爲新奇之物贈與之又留與彼同來之東洋語學校生徒通蒙語者十四五名於蒙而託諸各王以去嗚呼籠絡方法之巧可謂蔑以加矣此等學生久居於蒙自必通悉蒙事他日爲俄國左右蒙王顧不甚便利乎自來與俄接境之北蒙各王固毫未能承北京政府之恩惟受俄國種種餽遺而以俄國爲德耳獨土謝圖汗王則不然其操節甚高外雖與俄爲親實則欲利用之以自爲耳然如王者一人而已又毫不能與文明之風潮相接而多數之蒙古各王則鮮不爲俄國玩弄於股掌之上爲原來俄國商人之暴亂實達極點講買畜類輒不給價而惟掠奪是逞自俄政府政策變後此等暴亂已經絕跡一切交易皆歸公平不復有購物而不給價之事庫

倫地方俄國貨幣與支那貨幣通用豈惟貨幣爲然語言亦俄語蒙語混用矣又俄國製造之食器及雜貨等類販賣於蒙人者亦甚多由此觀之俄國勢力侵入蒙古之亘不亦顯然可見乎總之俄國對於蒙古所投之機密費每年數踰四五百萬之多以此種用爲資本而欲收其利息於將來者可斷言也又況其商人等亦皆趨於貢實其謂官民一致竭力經營者俄之於蒙是也故其王與上人莫不存信賴俄國之觀念自今以後俄人經營蒙古較之從前當更加發展者不於此可斷哉

◎蒙古與日本

俄國在蒙古之勢力以外蒙爲主而其對於內蒙之勢力尚微德法二國遂欲極力擴張己國之勢力故法國由布教傳道之方面而欲擴張其勢力於是學蒙古語刊印刷物設學校以開導蒙人蒙人入其學校者大半皆係其家之長男蓋北京政府以喇嘛教爲政策故其長男皆從事於學余於蒙古曾遇有二十年間滯留內蒙古從事布教之法國宣教師而德人用商業政略故從事於輸入德國商標之商品但其商品殊少良者雖表面美麗而實質皆甚粗陋然蒙人之於外國物品無論何物

苟一萬日未有不極力歡迎者也要之德法之於內蒙也其經營之方法雖異而欲擴張其國之名聲則同故內蒙之人無不知有德與法者也

而吾日本則何如哉除去一二視察員外深入蒙地者實無其人故每至蒙一地也僅能知其名而已故今後無論爲醫師者或賣藥者更能攜帶物理化學所作之物使知擴大我國爲進步之國此最要之事也德國商人輸入之商品常附帶各種繪葉書等廣散以悅蒙人之目故蒙人與德人之感情聯絡甚速而實際上彼等已信德國爲世界之最强國矣余在巴林時見一蒙人於日本孩童戲游時所持之繪葉書非常珍重視爲罕有之物由此觀之以如斯不足輕重之物彼等視爲新奇故欲普及日本之觀念於內蒙斯亦甚良之方法也况吾日本與彼等人種同宗教同聯絡彼等也必較德法更易又喇嘛教爲宗教最幼稚之教故耶蘇教回回教自昔皆從事布教於蒙回回教傳於蒙幾二百年耶蘇教雖熱心布教然眞心信者殊寥寥也由是觀之蒙人之性質頗固信奉他種宗教之念亦薄以我佛教傳諸其地恐歸附較捷於他教未可知也現在奉耶蘇教者率由宣教師以籠絡信教者之故藉其

國威蔑諸法廷之罪人其實能信教者無人也此種宣教師陷無辜良民於罪者指不勝屈故欲救濟其民當亦我佛教徒之義務也佛教之務其普及不但我宗教上必要之事又使其一班人民死有所託而與其精神上以無窮之利益亦豈鮮哉要之內蒙古固在俄國之勢力圈外我若經營其地亦無衝突之可慮而德法雖經營甚力亦非牢不可拔者又其地質較外蒙甚富且與我滿洲接壤故望我邦人熟計而經營之也

譯者曰觀於此而吾西北之危如累卵矣昔也自謂處一隅之地與外族隔絕蠶食之患不及於我今兩雄將啓戰端於蒙古附吾背而扼吾吭吾黍人不自謀不數年而東三省嚮昔之禍再及於我踐蹈我土地蹂躪我人民墟我丘墓殘我宗社使父老子弟將輾轉溝壑相率同歸於虀悲夫可爲流涕者矣夫蒙古之地吾中國素視爲不毛之土今他人爭施其殖民政策挾資以投籠絡之術無所不至或以商業政略進或以宗教主意行目光烱烱環狙而視者爭欲代庖以飽慾壑雖然醉翁之意豈在酒哉俄羅斯有併吞東亞之夙志遂陽

一役全師敗北鷄林鴨綠江數十年之經營盡歸泡影其鋒挫其雄心猶未已也返戈朔漠乃欲撤我屏蔽徐圖長驅南下席捲中原之策勢之所在亦無容歎大利兒乘戰勝餘威屢倡併吞支那之說以朝鮮爲飛渡西土之橋梁今又括滿洲爲囊中物汲汲銳意於接壤滿洲之區域其垂涎蒙古又意中事曰德意志曰法蘭西鷹瞵虎視亦事染指蓋各國勢力既布滿吾國東南今漸次及於西北而蒙古實西北一帶藩籬藩籬既撤不難排闥直入一兎在野人爭逐之兎死將及夫狐矣試一索觀地圖上之顏色與吾舊長城爲界者噶氏之地土也輔車相依脣亡齒寒及今圖之時猶未晚是則譯者之所志也

歐洲之一禍機

衍公

摩洛哥問題五六年來復爲歐洲諸國一大國際問題或將爲德法間戰爭之點或將爲法與西班牙交涉之端而英法協商即因此而立雖其協商中以此爲試金石然確實堅固之證終未定也由法國內政觀之亦疑爲重大問題今日因法國民於

多里羅領斯之事件。致令政治上道德上均瀕於危機。雖因勞苦之經驗。得健全之教訓。發揮平和之理想。其精神究未亘浸於民間也。自千八百八十年至一年。國民對於德意志之復讎心甚盛。當局者爲轉換人心之故。於阿非利加及亞細亞之領土。日策膨脹。冀一殺其敵德心。乃時勢一變。此領土膨脹之結果。反使國民對于德之敵抗心愈盛。而德民對于法亦如之。當此千鈞一髮懸崖勒馬之際。稍一不愼。而制御失宜。則歐洲難保無大禍亂機之至矣

於是法人福蘭西斯多布里散斯氏於倫敦去歲十二月之時事評論中。所論大體之觀察一篇。進言解決之方。氏今回於摩洛哥問題之起原。謂德帝因法國與俄國同盟及英意協商之訂約成。德乃處於孤立地位。以後國際政局。愈使其憤懣而不能措置。其結果遂勃然提起本問題。而法國亦因此反責之云云。又英人德路加支西氏。因千九百四年英法議定書創案調印之故。推稱者甚多。然其對於摩洛哥問題。則不可恕其爲故意之失策也。當氏就摩洛哥問題求各國調和時。獨與關係甚薄之列國爲計畫。而故疏德意志。夫德意志大國也。又在當時國際政局上。處如何

之此位也。彼於摩洛哥又次第增其貿易。空想之巴加馬泥斯特。對於摩洛哥。又有如何之意見。而德帝向以保護回教徒之爲自任。二十五年前。馬特里之摩洛哥會議時。特別加之於德意志。就此種種事情以觀。可知德意志之決不能蔑視也明矣。德相俾伊路公。亦與法國無甚惡感。而期受迅速之公然通告。其在帝國社會會議時。謂縱令爲非是。苟得一度之談判。吾德即爲滿足云云。然德路加支西氏。仍頑硬不顧。其對于德。雖一談亦不願爲。至起德意志之怒。而來國際上之紛糾者。夫又何足怪哉。

德路加支西氏之所行爲。可謂爲政治家外交家乎。是何異氏自求開國際間之危機乎。所幸者國民能以名譽得脫此危機耳。即摩洛哥會議之結果是也。此會議中。一證明列國欲協合盡力以求了結。二在善解實際之要需。三在定摩洛哥問題之根本解決。即又於條約中。舉其最顯之要點。第一法國與鄰近諸國。得有特殊之權。第二法西兩國。由其地理上之關係。於防護列國共通之利益。得有先取權。第三與列國通商及得其安全之點。有對等之權是也。雖然。採此政策而行於列國角逐之中識者早知其難矣。蓋因摩洛哥國內之情形。有與以特殊之大障礙故也。

布利散西之論曰。摩洛哥問題中最大障礙之摩洛哥者。加有發作的專制主義而爲無政府之國也。國王阿布魯路阿幾斯。喜怒無常。心思稚弱。際此之時。縱令有才幹勇猛者當之。亦無救于其國之崩解亂脉。蓋中央政府者。一劫掠强奪之中央機關而已。至宗教上之信向。雖一時爲此國人之性命。乃今也變爲迷教狂信。而成爲危險之一大分子。其國庫年中窒乏。所謂秩序者。又不出於官司之口。亦人民之所不願聞也。上無威信。下不忠順。通上下間。混混蒙蒙而已。國情之頽敗。既如此。然則喧嘩事變之來。亦固其所矣。而況法德之軋轢。法國之異圖。訛言紛紛相傳不已。有針小棒大之處。彼國人聞之。幾莫不動其心耶。於是在加丹幾亞沿岸。初有法人某殺害之事件。遂各處屢行其罪惡。終至有加敵布蘭加之騷擾矣。

當此之時。佛國若能忍耐而戒其輕舉妄動。保護在留市民之安全。列國共同之利益。則法國威信。當可皎然大明於天下。乃計不出此。其所謂第一保安手段。即占領烏幾多。蓋示其欲超逸於阿魯腮西多斯條約之範圍外也。其爲計雖嘉。惜其對于加散布蘭加之占領行動稍稍急激加散布蘭加者。誠為摩洛哥蜂窠之中心而同港砲擊之後。被法軍令司官多棚多占領之。覬覦者穆拉依哈甫伊奚忽以之為口實而唱亂南部人民靡然投于麾下蓋穆拉依哈甫伊奚者。夙懷異志。因國內騷擾。而南部民心。背叛國王。加以經濟上破敗之情態。其必乘機而翻叛旗也。是久在人豫料之中。雖然法國此次之干涉不可不疑為促其叛亂也

蓋加散布蘭加。在去年七月之紛擾以來。法國必不可不受保安手段之權利及義務。雖何人而無所疑也不幸法國之所行。較其初不免大失策當同市占領時。艦隊司令長官。反其政府之命令。悉令陸軍隊登陸且砲擊無防禦之市府最為遺憾又其行動出於範圍之外如與正當之利害不相副者此外使摩洛哥人憤激之事情。亦不少見焉。加以法政府被迫於國內武人派對于摩洛哥之戰鬭。使之故意遷延。遂至有不起征服軍不可之恐此種感情甚盛於一時。蓋自當初以來之事件觀之。使有此感者。全不為無理也。且政府以外。初倡征服摩洛哥之說者。乃黑幕政治家之有力團體如摩洛哥委員會即是也。其勢力頗強大。有力者常出入于內閣。暗中

參與其議。此輩中爲有財產之人。則一言一動。不可侮者也。

法政府現今亦熟知時勢之頗危。又斥摩洛哥征服之論而獨望於和平。外務卿彼興氏於代議中以此意剴切言之。又見於摩洛哥事件往復公文書中。亦示以法國之行爲止以已爲限云。

片羽錄

美國養雞談　續第一期

(四)飼料之比較　雞之飼料方法。前章已畧言之。然其標準的穀食。不外玉蜀黍、小麥、燕麥、大麥、蕎麥等。穀之時有先後。生長之期有長短。所含質料與其用途之結果。自有不同。蓋玉蜀黍、小麥多含水炭素及澱粉質。而小麥固有之膠質（蛋白化合物）較玉蜀黍尤多。故其結果同一程度。欲維持雞體之健康。造肉用之目的。飼此物為宜。燕麥、蕎麥亦良飼料。而不可過食。或雜以馬鈴薯之碎片。煮沸之蔓菁。卵之組成分既非一物。故飼料交互代用。為要事。茲分論各物之用途梗概。就地所產多寡。權其用捨可也。玉蜀黍前已言其效用。宜於肥育。値冬期寒冷夜間。以熱水溫其顆粒。每七日飼三次。用為保溫食料。或拌以適量之肉粉、骨粉、麩、膠質、亞麻仁粉等物。於體質健康預防。頗有關係。他若破碎玉蜀黍。不可用篩。酸腐不可允食。小麥安全穀質也。經濟較玉蜀黍為普通。成分既雜。用途亦廣。或取其膠質。搗其皺皴。碎其粒子。與玉蜀黍混合。作飼甚佳。或用其碎粒。與麵包屑混合。對於稚雛飼料。亦宜。燕麥日本種植頗少。其滋養分殆與小麥匹敵。粉末為育雛要物。大麥飼養結果。畧同小麥。而質味稍劣。論其價值。在日本為不貲。在美國較小麥為廉。蕎麥肥育飼料。且家禽嗜好物也。卵內成分。半含此物之粉末。依混合玉蜀黍。飼養同於黑麥。蜀黍（俗名稻粱）飼養上效果。同於以上各物。但其形小。適於撒布飼料。綠豆豌豆補充卵之成分。助胃腸消化。於採卵之雞爲必要。飼料每週飼以二次爲度。或投以少量亞麻仁粉亦可。但不宜多用。否則生痢遺害不鮮。穀類飼料言之詳矣。但粒實宜破碎與否。此問題自經驗家言之。粉碎其粒與浸溫之穀實混合較全其粒以飼者得卵數多。要之。穀物內所含之質。必互相補助始克有效。其主成分爲水化炭物合澱粉類是也。副成分爲窒素化合物。綿實粉。豆粉。膠質等是也。物皆價廉營養荷得其宜。可以代昂價之肉質飼料矣。

(五)飼料之分量　家禽體質之組織。水分居半。飼料分居半。計牝雞百羽。一日飲水一斗八合。雞卵十二枚中。含水約三合一勺。欲得重一兩之卵。須有無水飼料（去其水分者）七錢五分。而八兩八錢無水飼料。與卵之組成分乾燥物一兩相當。依此比較爲標準。計一斤至二斤重量之卵。對於雞體量。其約六十二斤之牝雞。每日必要六十五兩至七十兩之穀實飼料。其營養消化。所得各種成分之比例。蛋白質約六兩。無窒素物十四兩。脂肪二兩。蓋牝雞一羽。當產卵時。每日約四兩四錢飼料。外副以綠食物若干而已。然雛雞體量較成雞輕。而飼料每日約多二倍。其後體量增。料亦逐減。自然之妙。今舉雛雞與飼料互爲增減之比較如左。

◉一羽之重量	◉穀實之重量
二十兩之時	七十五兩
三十兩之時	六十四兩
六十兩之時	四十九兩

七十兩之時……………四十七兩

此外綠食物及他飼料之可也。

卵與飼料之關係。上已言之。故以採卵爲目的。則不可不就之組成分。飼以相當食物。得燐酸。必飼骨粉。得蛋白質。必飼肉料。助胃消化。必飼食鹽及木炭末等。今就經驗家。取其調和分量如左。

骨粉……………二十四兩

肉粉……………二十四兩

食鹽……………三兩五錢

木炭末……………十二兩

綿實粉……………二十四兩

硫磺、曹達、鐵、……各八錢

以上各物。混合拌勻。取其七勺。加於他食料。可供每日雞六羽之用。上舉各法。特就美國現所行者。略爲記之。日本政府於家禽飼養之標準方法。必將頒布。則此例可作參考用。

(六)牝雞之運動　人體肥瘦多關於運動之怠勤。近日某碩博士。論之甚詳。惟物亦然。牝雞飼養之大目的在於採卵育雛而無精之卵。過肥之弊。多源於運動不足。是以強制的運動。在所必行。其法撒播穀粒於木葉藁稈中。使之啄食。或與以附軸玉蜀黍。完熟菜穗。或高懸綠食物。當其伸首可得地位。春初爲產孵化用卵之時。

運動必勤。空氣必潔。棲舍必燥。否則所生之卵能化雛者甚少

冬期天候嚴寒時。棲舍內撒布碎石。上敷八寸許之乾草糠殼等。穀粒布滿其中。任雛啄食。此不過使之勿窒腹靜臥而已。飼料朝與麩麵粉玉蜀黍碎燕麥及與肉粉混合之餌。此時分量以少為佳。暫時再揚玉蜀黍於其內。則終日搔啄不休。天氣若晴爽。則開舍窗以流通其空氣。夕則多與以碎玉蜀黍燕麥小砂木炭末可也。

清潔飲水。必時為預備注意。

舉上所言。可知雛之運動與所舍廣狹。毫無關係。飼料量之多少。上稍為注意。則六尺見方庭塲養雛數羽。依前啄食之法飼養。則終日汲汲求食之不暇。何能生懶惰之性。庭舍雖隘。不足患也

(七)花雛之變食　家禽性。最喜每日變其食物。平時變食之雛。較他純用一種或二種飼料所產者。肉用卵用俱得好結果。則消化機關上。亦可預防他疾。茲取美國西部著名養雛家。於冬期產卵時。日給飼料之變化如左。

日期	朝食	晝食	夕食
星期一	粗燕麥		混合之溫飼料
星期二	野菜	細碎生骨	碎玉蜀黍（撒布草上）
星期三	粗小麥		混合之溫料
星期四	野菜	小麥（撒布草上）	玉蜀黍（撒布草上）

星期五……野菜……細碎生骨……玉蜀黍之軸（附穗完全）

星期六……糅小麥……混合之溫飼料

星期日……野菜……小麥（撒布草上）……小麥玉蜀黍（撒布草上）

朝飼以糅麥燕麥則雞終日運動少食故晝食多欠混合飼料普通以煮沸後之馬鈴薯或甘藷與野菜肉之殘片少量之脂油粉食鹽木炭末相混合充分飼勻備用外則清水每日飼以二次舍內常備介殼小砂則內常乾燥溫暖恒存日本現在養雞界於餵食法多不注意採卵途上育雛時期餵食爲第一要事專斯業者尚祈留意。

（八）產卵數與雞體之關係　產卵之雞同於搾乳之牛組成分適於一定之限度則個體性質遂判良否飼養之關係猶其次焉如不里談種雞二羽甲一年日產二百三十七枚大卵乙則僅三十四枚同種同期相差如此不得不咎其個體生異狀也近來養雞界生一怪現象則斯密斯氏之來偶紅血統或陽偶氏之來偶紅血統售買時必有某氏之血統證書彼此相持波靡西美然血統雖良體質不達經濟之目的玩物而已何適於用麥當試驗場近謂多產卵之雞性活潑體瘦端正貧產者外容多肉性惰姿勢多呈瘤狀其計不爲無稽

（九）牝雞肥大之矯救法　牝雞肥大之原基於澱粉飼料過多者半運動不足者半脂肪既多則其足虛弱飽食之後易於就巢其弊也產卵減少殊非卵用之目的欲矯其弊每日只與夕食一次則空腹雞只徬徨求食運動愈久體內之脂肪與蛋白質分解消耗熱及力之原動力逐漸生出履行一星期或十日肥大之牝雞可

復舊狀性既勁敏體亦活潑其後常健康少疾云

完

◎世界最高之礦山

秘魯之克綸馬銀山在海拔千六百英尺高處世界最高之鑛山也昨英國某公司在此處裝置水力電氣機械水力取自散茶哥河之一瀑布及阿馬孫河源隔三英里許以電線送之此處氣壓一方英寸僅八磅半水在尋常沸點以下二十四度即可沸騰云

◎腦小者聰明

美國西木司博士今倡一說謂人之思考非以腦力實如古人所言用心臟而腦爲熱身體之物氏言古來大人物之腦較小心臟則大若腦大心小則爲凡愚人所以謂腦爲熱身體者因就寒帶人腦大熱帶人腦小觀之故云然聞尚有他證

◎電話新聞

匈牙利福塔彼斯托地方有所謂電話新聞者編輯員二百餘人電線長千一百英里於該處大族一萬五千家皆安置電話用以報道各種事項社中操大聲者八人各以大擴音器兩个對面安置人立其間將原稿抄木高聲朗誦自午前九時起至晚九時半某時報某種事皆有定章所報事項通常報章所記載及廣告等外一切演說、說教、音樂會戲園等各種情形皆按時報知聽者在家中同時可以兩人用接話器聽之尤便者接話器無論家中何處皆可持往靜坐室中可知世界大勢及一切娛樂場情形俗語所謂秀才不出門便知天下車者。此號可以常之。此種新聞價格。每日僅用錢四十文。可謂廉矣。

◎世界最大之汽笛

美國東聖路易地方市街鐵路動力公司之滊笛。稱為世界第一。鳴之可聞六十里之遠。但此滊笛係用三個合成。其最大者高六英尺。圓周有人身許。此滊笛依華盛頓電報之時間。晨七時、正午及晚六時。鳴笛三次。每次十二秒間。若鳴一分鐘時。所需之蒸滊力須用半噸石炭。方可得云。

◎世界最大之電燈

美國新喬治州、和波肯火車站所設之電燈。係用一直徑六英尺之球上。設四十八個弧燈。所發光力。抵一百五十萬燭。稱為世界第一。洵不誣也。

◎裝入衣袋內之洋傘

巴黎最時行之洋傘。係疊成小方裝入一小盒。衣袋內可裝入。其傘柄傘骨。皆可伸縮自如。可謂輕便之至。

◎四十八層之高樓

紐約馬德外街新成一樓。共四十八層。下面作尋常家屋形。其上建一八十五英尺之塔。自地面至塔頂。高四百九十一英尺。若加入塔上最尖部分。則達六百五十八英尺之高。塔上所用鋼鐵。八千五百噸。自三層樓至頂上。所用鐵柱。七百四十英尺。樓基鐵柱、長各三十英尺。重量四十五噸。此樓在今日世界第一之高樓也。

◎水上步行用之靴

美人伐得氏、發明一種水上步行之靴。自新西那治至細伐冷斯著之步行水上。四十二日達其地。今後將喬之渡英國海峽云。此物乃山毛櫸所製之一種箱。左右各長四尺。深十八英寸。寬一尺。重五磅。其底付以平板。用時尋常靴外。着此箱靴。以銅扣扣之。恐水之由上方入也。入足處。護以橡皮。如此即可闊步水面。毫無險阻云。

◎鬚長六尺之老翁

英國某地一老翁。忘其姓名。鬚長六英尺。立時可抵地云。

◎四十二枚之齒者

尋常人齒數三十二枚。小亞細亞地方一土耳其人。生齒四十二枚。皆完全無缺。而其母其妹亦同之云。

附錄

興安東文華條陳地方積弊

興安公欵最繁。歲入萬餘金。官紳無術分塡慾壑。上年同鄉京官曾公稟陝撫。委員清查。終爲彌縫。蓋紳藉官爲護符。官藉紳爲虎倀。上下相蒙。狼狽爲奸。委員何從查起。稍分餘瀝。即樂得一稟了事。而近者東文華乃有條陳積弊之舉。

東文華所稟各條。特二三紳士經手之公欵。其他類是者尚多。東非未見及之。特所以故爲掛漏者有二。一則勢力單薄。不敢招全股劣紳之忌。一則意有專屬。遂致言無他及。是以被稟者目爲挾嫌。至於官府侵蝕爲數最鉅。即如艙口局一項。歲入已在三五千金以上。名爲砲船經費。實則砲船已無一支。蠹數中飽。此乃東父所籌設。意在保衛商民。而不知弊之至此也。東對人言。未嘗不涕泗隨之。此稟未及。蓋亦投鼠忌器耳。思伸於此。不得不漸屈於彼。東亦狡矣哉。而卒以此得邀批准。諭飭清查。

雖然。東老矣。興安積弊已深。非一日所得清。亦非一人所能清。後死者誰乎。尚不能不有待。

（原稟）　爲條陳積弊懇探蠲藉以惜脂而衛地方事。竊以興郡東通荊襄。西連漢沔。南接巴蜀。北屏關輔地屬三省邊防入寶五方雜處旗敝衙繁古稱難治官斯土者雖賢如龔黃不得不處處需人為之佐理（中略）近年以來世風日降愈趨愈下公事公款盡落於八鄉之手然名為八鄉祇有七鄉而七鄉中又祇一二鄉最著干預其人既無德望才識又非貴族富室於是損人利已藉公營私之事無日無之而尤甘為卑污苟於彌縫雖平糶城隄岸舖搶護同防水龍救生牛痘掩埋各公所積債如山而終無人敢發其奸種種弊端下情難於上聞即仁憲偶有所聞亦不能備聞其詳衆衆愧晚然愚直性成久欲挺身發一不平之鳴深懼言不中背不日為好事即斥為挾嫌以故每為太息莫可如何（後略）

一城隄局乃咸豐二年水沖城垣經前府憲王縣主劉稟明各憲請領耗羨庫銀一萬於三四年間興工修築始設此局抽捐還款至同治六年又遭水患城堤復被沖塌經前府憲德縣主陳稟明葺修迨光緒四年一律告竣奉藩憲札飭准以七成保護城垣三成作為歲修之資現在城隄決裂甚多草木成林東西隄坎以及河坎均已毀壞若不及早修葺恐將來工大費繁勢成發難而當局劉愷每月領薪水錢十四串九百文專任之貴漠不關心舞弊狗情難以細述

一便民質係光緒九年前府憲黃縣主湯念地方小民艱苦特飭富商集股開設協義質為便民計非圖利也近年以來百弊叢生每遇出字紛紛提號猶小焉耳其尤無忌憚者出資百餘金胆敢借用有利之銀一千餘兩無利之錢一千餘串其借券始猶蓋本號圖記繼乃直書姓名終則改用堂號甚至倩他家還款平空挪去而質帳仍是原名還款之人不得而知抑或冒富商之名而從中暗借假親友之事而私自挖空以故同心永

串概發質舖一分生息今已十數年矣歷歲賤糴平糶自有盈餘乃備荒之銀久寄外府預買之穀未見歸倉其中不無流弊懇請稽查賬目澈底根究

一恤嫠局原存捐款三四千串發商生息以贍貧嫠本義舉也乃近日不論嫠之眞僞惟視人之親疏至所存資本每年得息若干開支若干存餘若干其中侵蝕騰挪百弊叢生刑書汪正文發嫠錢時非以毛錢察賞即以雜糧折對措勒之情實難枚舉

一水龍局於光緒九年捐款千餘串發質舖生息每年只敷歲修救火三項綽々有餘近來託庇淸平每月只發脚夫口食錢二串四百文所存本利勢必愈積愈厚去歲呼用乃水龍竟全破壞不知存款歸於何用

一城隄局領司款設局抽收釐金原爲保護城隄捍衛地方起見別項公事不准動用且與武營無涉至於城守營派兵護解地丁銀兩以及人犯一事一犯二解由該營每名兵丁每日發給口食錢七十文此定規也近年城隄局不知何每日與城守營幇貼解費四六八串不等現查該營向有南山馬廠小糧並巡河設卡之款每年該營約計得錢二百餘串以作差兵解費口食有盈無絀城隄釐金何能幇貼解費請飭城隄局將此款停領每年可節省數十串文

一掩埋會救生船牛痘局三項共計捐款約四百串存質舖生息不無朦混懇請淸查

時事彙錄

●列強時局一覽

●（一）俄國之蒙古政略　俄國俄欲扶持在蒙古之勢力計畫敷設齊齊哈爾至海龍間之鐵道長約七百里現在着手調査中

●（二）俄國海軍再興費　俄國俄國聖彼得堡半官報云俄政府擬在國會要求再興海軍費今後數年每年當需數百萬磅

●（三）英法鐵道連合說　英法英法二國擬互相連合設緬甸至騰越（雲南省）鐵道間正在商議中

●（四）中英電信條約　英國南騰越之中國電信局與緬甸朝漢（譯音）之英國電信局接續電線條約已議妥不日在上海調印

●（五）德國與北滿洲問題　德國伯林半官報云關於滿洲問題美國發送非公式的文件於列強各國又聞有何等的秘密正在極力籌議

●（六）美國太平洋沿岸之排日熱　美國太平洋沿岸各處自來排日最甚近又同地選出之國會議員關於排斥

日人法案已得南部諸州代議士之協助云

辰丸事件顛末　日本　日本商輪第二辰丸前月六日裝載軍彈航至澳門附近被中國砲艦四隻認爲密輸即時抑留後日人謂銃彈搭載露甲板上且有神戶及澳門海關護照並非密輸且該船被拘之地點距澳門陸岸約十海里非中國領海中國軍艦不得妄爲抑留日領事關於此事要求五款(一)釋放本船(二)對於國旗侮辱謝罪(三)宜嚴處當局者(四)此後不得再有此不法行爲(五)對於辰丸宜予以相當之賠償繼以所要不遂派南清艦隊及軍艦和泉丸至廣東爲示威行動特中國政府尚在調查中故未有果決之回答然其結果當不遠矣

朝鮮人之慘狀　朝鮮　西曆二月二十一日咸鏡道蒼光郡日本兵被朝鮮人三百名奔襲互相擊殺朝鮮人之死者三十名日本兵死者．人

大統領之暗殺計畫　依布達佩斯等所報亞爾然丁共和國大統領被爆裂彈轟發該彈重約二十磅當墮落足下時彼幸跳而躍之得免危難云

內國新聞誌要

政界

孫使之尊王　駐德孫使奏請中國外交官吏一律改用西國服式以免譏笑惟留辮髮以示尊王之義

●二十萬金之人頭　政府奉　密論傳知桂撫張中丞令以二十萬金購孫文之首

●請看黃福祥　廿將升制軍報稱黃福祥已於初九日病歿已派大員往查家產擬即全數充公移辦新政

●英人要求騰越路權　泰晤士報云本報得北京消息稱駐京英使朱爾典已向外部要索在騰越築造鐵路權利外部堅持不允並電飭滇督錫良謂緬甸騰越之間所有一切權利勿讓與英人至於築造鐵路之權在滇英人亦不得干與以保主權云

●英使之摩棱　政府請英使驅逐孫文出英殖民地英使答以宜查孫文蹤跡後再議

●騰越廳親赴南坎　騰越邊界自劉萬勝將野人山劃送英人千餘里以來彼此交界野夷互有交涉爭訟事件然彼則有人保護此則專受壓制英界野夷往往構事生端控告華界野夷無論事情虛實必令賠償華界野夷即有人命盜案亦不敢控告即告亦必吃虧以故野夷者不願爲我國邊民紛紛投順英人此次駐騰英領事照會西道往辦交涉案件措詞甚傲變西道命騰廳江丞往江固能員然彼國强橫已成習慣豈能稍讓地步未識江丞此行亦別具

●記派員赴河內偵探黨人舉動　北京函云外部近接桂撫張鳴岐咨稱邊境交涉日形緊重龍州法領對汛法弁均無權力遇有商議事件輒折太多易於誤會必須派有專員常駐河內就近交涉方期直捷且海防各處孫逆羽黨往來無常非有專員在彼駐紮多方設法隨時偵探斷難得彼中實在消息查有前駐比國出使隨員魏子京熟諳法國語言文字人極精敏辦事亦極結實可恃此次派往河內海防一帶查探甚爲得力

且與法員頗能聯絡如派該員常川駐紮河內於邊境交涉及查探一切大有裨益云云政府以我國迭次與法政府商派河內等處領事及商務委員均未允洽今若徇桂撫之請再與法廷交涉者恐於事無濟因思各使館均設有商務隨員派往各埠調查商務報告公使擬即以該撫所保之魏子京作爲駐法華使派赴河內等處商務委員調查一切一面再由該撫奏派即令該員就辦邊防洋務遇有邊境交涉各事即由龍州道授權委員與河內法官交涉如此辦法計法人當無異詞云

●實業界

●晉人與福公司議定贖礦賠款合同（山西） 一現在山西商務局與福公司商議商務局願由晉省備款將所有與福公司所定開礦製鐵轉運正續各章程合同議定贖回作廢既經會議之後福公司因體諒晉省甚願自辦本省礦務之主意按其詳細情形應允晉省將前後所議定開礦製鐵轉運正續各章程合同由晉省贖回自辦以敦友誼而維和平

一贖款計行平化寶銀二百七十五萬兩由山西商務局擔任按期交清

一此項款數目係晉省所擔任交與福公司收納認爲賠償福公司原訂合同內應索之款并各項所損失之利益至福公司在他省另有經營晉與省毫無干涉

一此項賠款準於光緒三十四年正月二十日先交一半爲第一批其餘之款歸於光緒三十五三十六三十七年三期攤還每期準於是年四月初一日兌交一贖款按行平化寶銀核算不折不扣其由晉至京滙費等項

並先行借墊欵項利息均歸晉省承認由畝捐項下撥還

一此案原由商務局稟奉山西巡撫批准復經前總理衙門奏准現既由晉省備欵贖回此項合同作廢應請外務部咨照山西巡撫督飭商務局按期交款不準稍有拖欠務須遵照合同辦理

一晉省礦務既係收回自辦福公司將所有開礦製鐵轉運正續各章程合同之權一概退回晉省絕無借洋欵之意惟此次福公司既將所有利益退回將來晉省礦務製鐵轉運等事萬一有籌借外欵之事由晉省通告福公司果其處處較廉再行籌議否則另借各無異言

一從此合同簽字之日起三月之內福公司應將在平定州所有廠房一切交出與所有機器等物一併交與山西商務局其開列於原定合同所訂之五處福公司將其已購之產一概退還不得再執為業

一福公司所聘用之人無論工程師或他項員役因此而失其事業以致不得營生向福公司要求賠欵者福公司自行擔任

一此項贖欵由商務局先行籌借由晉省畝捐的欵項下每年盡數撥用緣礦產係晉省公共產業畝捐亦係晉省公共辦理全省公益之欵是以應使此欵贖回本省之鑛產惟在未將此項贖欵還清以前不得將此畝捐稍為更改或減免其數如畝捐不敷此用則晉省大吏須隨時提用他以補欵不足

一原合同議定之章程二十條既為前總理衙門批准今了結此事之合同亦為外務部所批准并為大英國使臣應允以俾彼此保其本國之人遵守一切一現將此合同以華英文繕具兩分各執一分為憑

大清光緒三十三年十二月十八日　　山西商務局　押

福公司梁　押

●記山西礦務招股辦法（山西）　北京函云近日晉省紳京官紳商此次將福公司開礦製鐵轉運之權全行收回自辦所謂辦非山西人獨自辦理之謂乃將集合自國資本以宏公益不分省界一律招徠現在該省已奏准設立全省礦務保晉公司渠觀察本翹總辦其事除先辦平孟潞澤煤鐵大宗外並設立鋼鐵廠以供築路製械之需目下山西省已招得股分一百五十餘萬衆情甚爲踴躍不久將於京外設立礦務招股辦事處以便搭收各省股分又將組織實業銀行以爲資本周轉之機關

●奏請加招辦路（河南）　汴撫林中丞奏請酌加鹽捐開辦洛潼鐵路（由洛陽至潼關）　奉旨該部知道

●錢業盈餘單（漢口）　漢口一埠水陸交通素稱爲中國商業中心點自蘆漢鐵路通行以來長江上下游之航運更往來不絕以是各業興盛而首得其利者則在錢行今將該業去臘盈餘者列下

義源十一萬兩　裕厚德六萬五千兩　源成四萬八千兩　源茂隆三萬六千兩　大昌三萬六千兩　仁本四萬兩　惠怡厚三萬兩　怡和興三萬兩　信成三萬兩　大成二萬四千兩　大豐六萬三千兩　同大二萬兩　阜通二萬兩　厚昌二萬兩　衡康二萬兩　怡生和二萬兩　恒裕一萬八千兩　恒源一萬八千兩　會康一萬八千兩　百川盛一萬八千兩　千[illegible]　一萬五千兩　晉康一萬七千兩　晉昌二萬兩　怡和利一萬五千兩　慎餘一萬五千兩　東成一萬[illegible]千兩　晉裕一萬二千兩　千和玉一萬二千兩

公安一萬二千兩　晉和一萬三千兩　晉大一萬兩　同興豫一萬二千兩　怡生隆一萬兩　益太四萬兩　保太一萬兩乾利元一萬兩　隆泰一萬兩　濟康一萬兩　阜祥一萬兩　元順一萬兩　元豐一萬兩　恭興豫七千兩　厚餘七千兩　慎裕七千兩　復興遠七千兩　恭生六千兩　同茂泰八千兩

●德商要求礦產（甘肅）　聞日前有德國商人赴外部要求開採甘肅玉門縣屬礦產當由部咨甘督飭查該礦情形後聞電覆有該處礦產早經官紳籌議合辦等語故外部各堂已據情拒駁矣

●中國黃金銷耗計數　中國全國之金箔鋪估計二百號每號估計工匠五人每人每月應打金三兩為箔共計打箔金三千兩每年作十個月計算合計打箔金三萬兩每金重二錢一年之間黃金銷耗於金箔歸諸玩好之鄉者合得金元一十五萬元（且金元亦祇少數之額）十年則有百五十萬元百年則有千五百萬元之譜此皆中國已失之金也

●河南　泌陽樹藝章程　南陽府泌陽縣栽桑種樹備明章程如下　一大路兩旁地邊飭地保督飭種地戶隔五尺路插楊柳木一株所插之條以六尺高杯口粗為準如種地戶自己不肯栽插許地畝相連之戶報會栽插由地保及牌總長驗明發給執照其種地佃戶在路旁地頭插樹若干株俱在會領發執照為憑准其種樹之人與地業主共享其利後來佃戶不得分爭業主自出工錢雇工栽插者亦領執照佃戶不得分利　一各處河灘各寨土牆內外俱係公地由該鋪首并地保牌總長督飭現有巡兵於冬至後儘力栽插共有若干株註明冊內亦填某鋪公業一紙歸巡兵看守此樹得利即永歸該局作為養巡勇經費若每年栽插厚利

無窮足敷養勇之用以後口糧經費各戶地畝可免攤 一河灘及窯廠外明年正月不准有五尺隙地如巡兵人少准百姓隨便栽插偵發執照准插樹之人子孫管理此樹木作為世業 一泌邑營業地畝十居其七其現營業之當戶在所當受他人地內栽插樹若干株亦報明會局驗明若干株發給執照註明株數准當戶執為憑據日後業主贖地或轉當他人准投知該處農林分會驗明樹株大小公平議價業主願交樹價連執照抽回者聽如照地不交樹價仍由栽樹之人憑執照管業地主不得估爭斫伐 一荒廢高山業主一律栽種橡樹養放山蠶如一年之內業主不自栽橡樹即以無主之山論准農民一律栽種由農林分會驗明株數發給執照作為插樹之人永遠管業 一縣城官地約有三尺高土桑秧四五萬株准各保鋪分會首事領栽用官地湖桑枝條仿接梨之法接此土桑如離城路遠接條剪下即時插入大芋頭內一日兩日內尚可接條惟官地湖桑須先禀明總會派人監視確係接桑只准剪枝不准斫傷正幹違則重懲 一近山之地栽竹之利最大而亦最速然栽之多不得法甚難成林本縣得栽竹最易之方身親試驗大有成效其法用新伐竹椿約長尺許連根掘起將竹節打一小孔盛硫磺三四錢再用泥將孔塞好倒栽土內如根有筍芽不可損壞栽宜稍深務將根莖平正安排不可錯亂一畝地內栽十餘株十畝內栽百餘株三年即成茂林利至溥也

●實業界之新發明（廣東） 廣州函云自瓦特發明氣機學後全世界文明日進至今日輪船火車及動機器無不藉氣力動之但地球產煤祇有此數再過千百年後必有用盡之一日屆時各氣機無煤可用又將如何此問題已為世界所注意現有李某君新自美歸發明一種代煤之法謂可不用煤不用電不用水不用火

不用煤不用風不用人爲僞閥及一切助力而能動輪且能動之不已其法係用一圓輪外旁分級六錘任輪如何轉停亦必有三錘挨貼輪邊垂下於三錘挺出輪邊成一字形其挺輪邊之三錘因其橫挺出而出墜力甚大較之彼邊下垂之三輪緊靠輪邊無甚墜力不同是以橫挺三錘之輪邊必順錘墜力轉落而牽及彼邊之垂錘之輪邊向上轉行迨一上轉其原有之三垂錘又次第變爲挺錘其從前爲挺錘者又次第變爲垂錘如此互相牽繫輪即轉行且可轉之不已惟祇此單簡機件雖可轉動而不能快故又須在其輪內配以彈力鋼機（此鋼機頗複雜非筆墨所能盡）以挺錘之墜力動鋼機速輪轉而輪即疾疾飛行現該發明人擬先集資本數千金製造一小具稟請政府專利然後暢行果能有成則誠世界一大變機而令人動色駭視者也

●軍界

●粵督擬以飯籮岡作軍港（廣東） 二十四日廣州函云日前英人在惠州測量海道土人不服旋即退出現查得英人所注意者係該處之軍港地名飯籮岡者形勢絕似旅順而佳處過之從前德人曾擬索爲商埠英人以其有礙香港不允張之洞督粵時北洋水師提督丁汝昌曾派兵輪送張往勘查該港爲兩重大山環拱而成淺水深處九十英尺淺處三十英尺水底俱是泥質最合船艦之用港內面積極大能容絕大戰艦四十艘尋常戰艦數十艘港口分兩處出入相去甚遠不易圍困其便於灣泊及避敵砲攻擊實爲中國現有各軍港所不及現在張安帥意以既有此天然形勝斷難聽外人覬覦決議將此地查明咨請政府開作軍港因該處爲南方咽喉之地凡有火船北上必須經過此嘴方能前進昨已札飭督練公所派委船員坐乘寶璧

兵輪於二十日往該處詳細測勘上海各報載有日本留學生陳發檀條陳陸軍部請在粵楡林港開闢軍港部議以其形勢合宜決計照辦已咨飭粵督查覆或卽此地耶支提撥濟用云

◉提撥辦梟經費　瑞方伯辦理江浙六屬緝梟各事一切有措應需經費現在先行估計約需三十萬兩業經稟請江督及蘇浙兩撫核准飭蘇杭滬三關於關稅項下作正開

●電飭嚴防　政府接海外密電孫文近復遣派黨人携帶大宗軍火分赴沿江沿海一帶謀大舉因電飭兩江閩浙各督撫轉飭各海關及砲臺嚴防

●新軍尚不足恃　嘉湖紳商以駐囤新軍常有違律事不足深恃集欵自練民團

夏聲雜誌社招股章程

（一）本社集足資本金二千元爲限分四百股每股五元有願入股者擧去本社收條爲據

（二）非同國人之股不收同國而聲名狼籍者其股亦不收

（三）本社資本金總額除由發起人承認四分之一外餘股均從事招集按兩期招齊凡第一期入股者作爲優先股有特別利權餘概作普通股

（四）本社每年進款除各項支銷外其贏餘爲紅利分作十二成二成作爲公積二成作辦事者酬勞金餘八成按股均分

（五）凡內地銀元未通行之處無論股本股息皆以庫平銀七錢二分爲一元起算

（六）凡入股或集股至三十股以上者本社酬紅股二股多則遞加其應得紅利與正股同

（七）凡入股者本社給以股票息摺周年率息八厘於收股之次日起算每年中曆三月朔後向本社隨地暫設事務所執摺取息

（八）凡數人共擔一股者須以付名之一人爲定本社亦祇依股票上之人名是認

（九）凡紳商士庶不欲入股而以資金贊助本社者本社推爲名譽贊成員登名報端以鳴感謝但視其贊助之多寡以爲報酬之厚薄

（十）股票息摺如有遺失可報明本社俟無轇轕後即另行補給其所拾得之票摺亦

作爲廢物

(十一)如有人願將股票息摺轉售他人須親赴本社事務所將舊票摺繳銷另給新票摺以免歧誤

(十二)收股之期限　本社之股分兩期收集第一期三元戍申年正月朔後起六月晦日止第二期二元同年八月朔日起十二月底爲止但第一期全交者亦可其已交而二期過期不至者本社當作爲名譽贊成員其所得之權利與名譽贊成員同至第二期入股限期而未全交者已交之股亦作爲名譽贊成捐

(十三)股東之利益

(1)凡入股至五十股以上者本雜誌出版後永遠送閱一份不取分文惟不在東京者須照加郵費

(2)凡在五十股以上之股東如有新著新譯無論已刊未刊將譯已譯者或他要件而欲登常期或短期告白於本雜誌者本社照常例外特別優待減收三成

(3)無論紳商士庶入股本社者皆得爲本社社員

(十四)股東之權限

(1)本社雜誌之印費及雜費俱由定欵内支出社員於所納股分外無擔任經費之責任但有特別事件亦可臨時酌議

(2)凡入股至二十股以上或數人而有二十股以上相當之資格者皆有稽查本社賬項之權但須前三日豫爲告知

(3)凡入股而非本社幹事部編輯部各職員者不得有監督本社言論之權

本社代派所

西安　省城南院門
省城陸本小學堂
省城教育會
三原縣宏道學堂
三原縣東城內
綏德州中學堂
郃陽縣郃干小學堂
渭南縣勸學所
同州府城內東街
榆林公立小學堂
漢中城固縣聯店街
宜君高等小學堂
延安府中學堂
蒲城縣教育會
甘肅　省城高等學堂
廣西　梧州府公益商店
山西　省城
河東運城
解州

公益書局
王正心君
南雪亭君
李廼庵君
純惠堂
安燮豐君
楊風軒君
王績君
郭文選君
高普熙君
常乾生君
張文通君
曹之綸君
李良才君
王章君
車正帆君
粵西雜誌支部
教育總會
晉新書社
廻瀾公司
河東第一織紡公司

河南　省城西大街
省城優級師範學校
葉縣師範傳習所
信陽師範學堂
衛輝府中學堂
雲南　省城
臨越廬
昭通府
永昌府
臨安府
大理府
大理下關
蒙自縣
蒙自箇舊廠
四川　省城
重慶
嘉定府城外土橋街
雅州府
順慶府城外
敘州府大南門外
安徽　安慶桐城縣南城內
東後街姚南園
安慶桐城縣宜民門內佘家灣江宅

大河書社
張仲友君
朱經裕君
竹予晉君
秦長明君
雲南雜誌支部啟明書局
公學會
廣開智報社
新開縱覽社
中學堂
養豐泰
福金臻
萬瑞號
元興昌
四川雜誌支部
四川雜誌支部
寶善書局
公立中學堂
自成祥號
劉春和君
姚叔綸先生
姚國威先生

湖南省城 八角亭南陽街　明明譯社　作民書局

日本東京 神田駿河臺神田表神保町　中國留學生會館　羣益時局　中國書林　振華書社

神田區　東華書局

早稻田鶴卷町　同文館

其他各大書坊

長野縣 長野市玄文學院構內支那留學生山西陳漢開先生

興安新城安康縣高等小學堂　劉衡鈞君

興安白河縣高等小學堂　余熙鑒君

倫敦　支那留學生會館山西馮畯崧君

舊金山　大同日報館

鳳翔府中學堂　羅傳銘君

鳳翔府警察總局　程鍾銘君

夏聲雜誌第壹號目錄

夏聲雜誌第貳號目錄

夏聲第二號刊誤表

頁數	行數	誤	正
二	二	慮	虛
四	四	擾	攖
十三	四	本	木
十四	九	日	曰
十七	一	途迷	迷途
十八	二	拚	拼
二一	十二	罹	摺
二三	十二	水海	海水
仝上	二	旋	旋
二四	一	嗒	噬
二五	十一	由此觀之下	遺不字
三一	十一	而	西
三三	十一	之制	制之
三四	十一	時	特
三六	三	使字下	遺鄉字
三七	七	去	取
三七	十一	洎	泊
四八	七	机	衍
四八	八	臣	巨
五五	三	米	美
五六	十一	往年下	遺獨逸二字
五七	九	浙	淅
五七	十二	浙	淅
五九	十一	荃	基
六十	十	蓉	萘
六一	十三	盒	蓋
六四	十二	二	一
六七	一	驅	歐
仝	七	重	事
七一	九	班	斑
七二	三	班	斑
七二	十二	爲圓形下	而字衍
七三	二	曰〇之下	脫、字
七七	二	誤	說
七七	七	故不下脫得	不二字
仝	十	氣	學
七九	五	栗	粟
仝	十一	謂字下	而字衍
八五	一	質地	地質
仝	五	殊	衍文
八六	三	撰	選
八七	三	茅	芽
九十	六	此項另印四字	衍
九一	七	姜	豆
九九	九	跑	颮
一〇〇	四	蕭	瀟
一〇一	十二	盎惱沙熱	盎沙熱惱
一〇二	七	綠	絲
仝	九	肅	蕭
一〇三	五	燕	雁
仝	六	越國下	脫華字
仝	十二	然總不下	脫能字
一〇四	三	明清	清明
仝	五	門	問
仝	九	明月	月明
一〇六	十一	一跑	一趟
一〇七	八	昵	呢
一一二	三	撥	搓
仝	九	駁	攻
仝	十三	魇	壓
一一三	五	才	綫
仝	九	快	快
仝	十三	抓	抓
一一四	五	學說	學學
一二〇	九	特	時
一三五	十一	傅	傳
一四一	三	光	先
仝	十二	講	購
一四二	五	上	土
一四四	五	壊	壞
一四五	一	鷄	吉
仝	二	撤	撤
仝	仝	欵	疑
仝	六	撤	撒
一四七	一	此	地
一四八	六	室	空
一四九	五	科	料
一五一	三	科	料
仝	一〇	玊	玉

本社簡章

(一)本社以開通風氣滌除敗俗灌輸最新學說發揮固有文明以鼓舞國民精神爲宗旨

(二)本雜誌依各大雜誌體例不分門類略括以論著時評學藝文藝雜錄等其他凡不與本雜誌宗旨背戾者隨時選入

(三)本雜誌月出一册以陽歷每月二十五日發行絕不延期

(四)本社除撰著及內地調查員無定外設總經理一人編輯三人庶務二人校對六人書記二人會計一人收發四人以執行社務均由社員更迭充選分途擔任

(五)本社報資從廉全年二元半年一元一角零售每册二角郵費另加內地銀元未通行處日銀一元以庫平銀七錢六分折算豫定全年者第一期收到後即須寄全年報費否爾無效

(六)代派員主任內外各埠分銷雜誌事件由各社員具保證書擔保倘有侵蝕款項逾期不滙解者即責償於原保不得推卸至代派員之報酬拾分以上者九折五十份以上者八折百份以上者七折多則遞加

(七)凡有捐資慨助本社者皆推爲本社名譽贊成員視捐助之多寡爲報酬之厚薄

(八)凡擔任本社事務及經濟者皆爲本社社員

(九)本社創辦基本金由發起人擔任四分之[illegible]亦概從招集

(十)凡有與本社通信及投稿者請直寄日本東京小石川區第六天町四十番地本事務所

(十一)本社訪事規則另有專章願擔任訪員者請函告本社或各地代派處索觀可也

報資

全年（十二冊）二元一角　半年份（六冊）一元二角　零售（一冊）二角

郵費　本雜誌凡日本郵便能通之處每冊加郵費四分其餘若香港歐美等處每冊加郵費六分

廣告價目表

	一頁	半頁
一回	八圓	五圓
三回	二十一圓	十三圓
半年	三十八圓	二十四圓
全年	六十一圓	三十圓

廣告取次所　東京市小石川區第六天町夏聲雜誌社　東京市神田區中猿樂町四番地秀光社

[illegible]派所

陝西省城	南院門公益書局	甘肅省城	高等學堂	上海中國公學	何鳴鳳君
陝西三原縣	東街存惠堂	河南省城西大街	大河書社	日本東京	中國留學生總會館
陝西同州府	郭文選君處	同優級師範學堂	張仲友君處	同	中國書林
北京大學堂	李博君處	雲南省城	雲南雜誌社支部	同	羣益書社
山西省城	教育總會	四川省城	四川雜誌社支部	美國	舊金山大同日報館
同	晉新書局	廣西省梧州府城	粵西雜誌社支部	英國倫敦	中國留學生會館

陰曆　二月二十一日印刷
二月二十五日發行

明治四十一年三月十三日印刷
明治四十一年三月廿五日發行

編輯兼發行者　東京小石川區第六天町四十番地　夏聲雜誌社

編輯所　豐多摩郡下戶塚村六百二番地　夏聲雜誌社事務所

發行所　東京市神田區中猿樂町四番地　夏聲雜誌社發行所

印刷所　東京市神田區中猿樂町四番地　秀光社　電話本局一九二五番

印刷人　藤澤外吉